CARTELERA

Spanish Language and Culture through Film

Elena González Ros
Brandeis University

Scott Gravina
Brandeis University

Alucen Learning

© Copyright 2012 Alucen Learning

ISBN 10: 0-9821595-5-2
ISBN 13: 978-0-9821595-5-2

ALL RIGHTS RESERVED.

This book is published by Alucen Learning. No part of this publication may be reproduced or transmitted in any form or by any means, electronic or mechanical, including photocopying, or by any information storage or retrieval system without the prior written permission of the publisher.

www.alucen.com

Manuscript Editor: Patricia Acosta
Production Controller: Joshua Lubov
Cover Image: © Burwell and Burwell Photography
Cover Design: Adolfo Ruiz

Printed in the United States of America
12 11 10 9 8 7 6 5 4 3 2 1

CONTENTS

Scope and Sequence iv
Introduction vii
Chapter Components x

The Films

1. María llena eres de gracia 1
2. El crimen del padre Amaro 17
3. El laberinto del fauno 31
4. El método 47
5. Azúcar amarga 65
6. La comunidad 81
7. La zona 95
8. Machuca 109

Credits 125

SCOPE AND SEQUENCE

	Film	Topics to Explore
1	María Full of Grace (*María llena eres de gracia*)	Immigration, the Hispanic community in the US, family, multiculturalism, drug trafficking
2	The Crime of Padre Amaro (*El crimen del padre Amaro*)	The Catholic church, ethics, relationships, corruption
3	Pan's Labyrinth (*El laberinto del fauno*)	The Spanish Civil War and the post-war era, reality vs. fantasy, myths and legends
4	The Method (*El método*)	The world of work, work ethics, interpersonal relationships, technology
5	Bitter Sugar (*Azúcar amarga*)	Post-Revolutionary Cuba, sociopolitical conflicts, economy, tourism, exile
6	The Commonwealth (*La comunidad*)	The role of money in society, interpersonal relationships and conflicts
7	The Zone (*La zona*)	Crime, justice, corruption, ethics, social inequalities
8	Machuca (*Machuca*)	Chile in the 1970s, social justice, coming of age, social divides and relationships

Country	Year	Director	Grammar Activities
Colombia – USA	2004	Joshua Marston	Preterit and imperfect
Mexico	2002	Carlos Carrera	*Ser, estar* and *haber* Description in the past
Spain	2007	Guillermo del Toro	Direct and indirect object pronouns Commands with object pronouns
Spain – Argentina	2005	Marcelo Piñeyro	Present subjunctive in impersonal expressions
Cuba – Dominican Republic	1996	León Ichaso	If clauses (first and second type)
Spain	2000	Álex de la Iglesia	Present subjunctive in noun clauses
Mexico – Spain – Argentina	2007	Rodrigo Plá	Present subjunctive in adjective clauses Conditional
Chile – Spain – UK – France	2004	Andrés Wood	Irregular verbs in the preterit Verbs with different meaning in preterit and imperfect *Por* and *para*

INTRODUCTION

DESCRIPTION:

Featuring a content-based, communicative approach to language learning, *Cartelera* provides a stimulating context for linguistic production through thought-provoking discussion, interpretation, and critical analysis. Based on eight full-length feature films from Spain and Latin America, *Cartelera* builds linguistic proficiency by engaging students in meaningful interactions that cover a broad range of cultural topics taken from the context of the films.

Cartelera is designed to be used in an intermediate level language and culture class, with students typically ranging from intermediate low to intermediate high for all skills according to the ACTFL guidelines. The activities in each chapter have been developed to help bridge the gap between the intermediate and advanced levels, providing opportunities to practice and review structures that students are familiar with while challenging them to perform more complex linguistic tasks.

OBJECTIVES AND APPROACH:

The primary objective of *Cartelera* is to provide a meaningful cultural context in which students are able to improve their proficiency in the language. This program includes a broad range of interactive activities designed to enable students to create, imagine, and produce meaningful discourse in the target language. With *Cartelera*, students will practice and improve a variety of level-appropriate skills, such as description, narration, negotiation, requesting and giving information, making suggestions, giving opinions, comparing and contrasting.

Each chapter includes an opportunity to review grammatical concepts that are commonly presented or recycled at the intermediate level. *Cartelera* offers a broad variety of activities designed to maximize student interest and enhance linguistic production. All activities are carefully graduated according to level of difficulty and required student output, giving the instructor the flexibility to choose the most appropriate activities based on the students' level of proficiency.

Cartelera gives students the tools to successfully improve their language skills, think critically, and react appropriately in order to resolve situations that they would potentially face while living in a Spanish-speaking country. Students will learn to evaluate, question, debate, and express their ideas orally and in a written form. This communicative approach provides the context for students to have significant interactions and reproduce real-life situations in the classroom.

TEACHING LANGUAGE THROUGH FILM:

The use of feature films offers students a sophisticated, authentic text that is a much more comprehensible source of input for students at the intermediate level than a comparable text in written form. Films also provide an excellent representation of diverse cultural elements and real-world experiences that can be fully exploited in class. Through these films, students are given the opportunity to reflect upon a "first-hand" critical perspective on specific social, economic, and political forces that have shaped the Spanish-speaking world in the recent past.

Students today are accustomed to learning through nontraditional texts where visual, aural, and textual elements combine to provide a more complete and comprehensible learning experience. Students also express a growing interest in learning through dynamic media which results in an increased motivation and more active participation in class discussions and activities.

HOW TO USE *CARTELERA*:

Each film and corresponding chapter is designed to be used independently and need not be followed sequentially. The instructor may choose to use only those films which will be of most benefit to the specific pedagogical goals of the class, students' needs, or of any particular geographic, cultural, thematic, or linguistic interest. Working with multiple films will provide additional opportunities to compare and contrast characters, plots, settings, cultural norms, and perspectives.

Depending on available class time and technological resources, films may be shown in class, at a separate screening, or on students' own schedule outside of class through library reserves or streaming online through your course management software. Each viewing method presents its own benefits and drawbacks. However, providing online access will allow students to watch the films as many times as necessary to ensure a more complete understanding, rewind certain sections of the film, and imitate authentic use of the language while in-class time may be used more effectively for language practice and development.

Regardless of how *Cartelera* is utilized, the experience will prove to be linguistically and culturally rewarding for students and instructors, inspiring all to seek a better understanding of the world that we share.

All selected films are in Spanish and available with English subtitles.

FEATURES:

Cartelera offers students a unique environment to improve their linguistic proficiency:

- **Stimulating Learning Environment:** Films provide an entertaining platform for learning and discussion.
- **Caters to Students of Mixed Abilities:** The variety and progression of activities within each chapter gives all students the opportunity to succeed.
- **Vocabulary Acquisition:** Students will incorporate new terminology from the films in their every-day use of the language.
- **Grammar Practice and Review:** Graduated activities provide students of all levels and abilities with extra grammar practice within the context of the films.
- **Integrated Culture:** Students are exposed to important cultural elements which are intrinsically connected to the language learning process.
- **Interactivity:** All chapters highlight a number of collaborative activities that require students to work together in order to complete assigned tasks.
- **Creativity and Originality:** Activities such as dramatizations, debates, and compositions encourage students to incorporate personal, innovative, and fun ideas into their language production.
- **Critical Thinking:** The cultural content of the films provides the opportunity for students to explore topics from multiple perspectives and see beyond common stereotypes.
- **Development of Writing Skills:** Each chapter provides practice in a variety of formal and informal writing formats, including personal and professional letters, op-ed pieces, critical essays, and film critiques.
- **Spanish in Spanish:** All instructions and chapter activities throughout the book are given in Spanish to consistently reinforce the use of the target language.
- **Treats Students as Adults:** While students' linguistic abilities are at the intermediate level, *Cartelera* recognizes that their intellectual capacity is that of an adult. As such, the materials in this book are designed to challenge and stimulate their minds.

CHAPTER COMPONENTS

Depending on available class time and resources, the flexibility of *Cartelera* allows the instructor to choose how students complete the chapter activities. Some exercises may be assigned for homework while others are better suited to pair or group work in class that will optimize the development of student collaboration and communication skills.

ANTES DE VER LA PELÍCULA

Resumen de la película. This brief account provides an overview of the main characters and events presented in each film. Without giving away too many details, students will be better prepared to comprehend the film.

Para empezar. A series of open-ended questions based on topics that will be explored in the chapter. Questions relate the topics presented in the film to students' lives, ask for opinions, and check students' previous knowledge of cultural topics.

Temas de investigación. Provides a starting point for students to familiarize themselves with some of the main cultural, social, and historical themes that will be explored in the films. Students are asked to conduct basic research and present their findings to the class.

DESPUÉS DE VER LA PELÍCULA

Vocabulario. Offers a list of words and phrases taken from the context of the film. New terminology is recycled throughout the chapter activities to reinforce meaning and help students incorporate it into their active vocabulary. All vocabulary items are given in Spanish with an English translation.

Actividades. Vocabulary activities are based on the words and phrases from the chapter list and are designed to provide additional practice and reinforcement. Activities include matching, fill-in-the-blank, multiple choice, word groups, and more open-ended activities to elicit the word in a sentence or a definition.

Contenido y discusión

Los personajes. Students will identify the characters using their own words and describe specific aspects of each, such as personality, characteristics, profession, activities, and relationships.

¿Quién lo dijo? Students must identify the characters associated with and the context in which quotes taken from the films appear.

Comprensión de la trama. These multiple choice or short answer questions are designed to verify students' comprehension of the main story line.

Conversación y análisis. These open-ended questions are designed to stimulate discussion in small groups or as a class. Here, students have the opportunity to discuss, narrate, give examples, compare, describe, analyze, assert their opinion, and support their ideas in the target language.

Práctica gramatical

Actividades. Each chapter includes a series of grammar activities that are specifically designed to review structures commonly taught or recycled at the intermediate level.

Interpretación y creación

Debate. Based on prominent themes presented in the films, students will work together to analyze characters and events, formulate and defend opinions, and present evidence to support their arguments.

Dramatización. Students use their imagination to produce an original dialogue based on what they think could happen in these guided situations.

Temas de escritura. Multiple formats and writing styles are explored in each chapter to encourage students to develop task-appropriate strategies for written expression, ranging from informal letters to academic essays.

Capítulo 1

RESUMEN DE LA PELÍCULA

María llena eres de gracia cuenta la historia de una adolescente colombiana que busca algo más en la vida de lo que puede ofrecerle su pueblo natal. María, la protagonista, es una joven decidida y atrevida que llegará hasta extremos insospechados para buscarse un futuro mejor en otro lugar. Para conseguir su objetivo, se verá envuelta en una serie de situaciones arriesgadas que cambiarán su vida para siempre.

PREPARACIÓN

Antes de ver la película

1. **PARA EMPEZAR.** Comenta las siguientes preguntas con tus compañeros y comparte las respuestas de tu grupo con la clase.

    1. ¿Con qué asocias al país de Colombia? ¿Qué sabes sobre su situación social, política, económica? ¿Cuáles son sus principales ciudades?

    2. ¿Cómo imaginas que son las condiciones de trabajo en una plantación? ¿Has trabajado alguna vez en un oficio que requiera trabajar con las manos? Describe tu experiencia.

    3. ¿Por qué razones emigra la gente? ¿Qué esperan encontrar en el nuevo país? ¿Con qué problemas se encuentran?

    4. ¿Qué significa para ti "asimilarse"? ¿Crees que cuando una persona se asimila a otra cultura pierde necesariamente parte de su verdadera identidad cultural?

2. **TEMAS DE INVESTIGACIÓN.** Busquen información en libros, en periódicos o en Internet sobre algunos de los siguientes temas. Prepárense para presentar la información en clase.

    1. **La economía de Colombia:** Investiguen las principales industrias, los recursos naturales, las importaciones y exportaciones, la tasa de desempleo, la inflación, el índice de pobreza y el sueldo promedio.

    2. **Los inmigrantes en Nueva York:** Preparen un resumen sobre la situación económica y social, la división geográfica-étnica de los barrios, los obstáculos legales con que se enfrentan los inmigrantes para conseguir trabajo y las leyes de inmigración y deportación.

    3. **El narcotráfico en EE.UU.:** ¿Cuáles son los países que introducen más drogas a EE.UU.? ¿Es posible estimar el volumen de drogas que entra en este país al año? ¿De qué manera consiguen los traficantes introducir drogas a EE.UU.? ¿Por qué es tan difícil para los gobiernos terminar con este problema?

VOCABULARIO

SUSTANTIVOS

la aduana	customs office	la pepa	pill (colloquially used to refer to a small wrapped packet for transporting drugs)
el jefe	boss	los rayos equis (X)	x-rays
la mula	mule (drug trafficker, courier)	la uva	grape
el paquetito	pellet	el visado	visa
el pasaje	plane ticket		

VERBOS

amenazar	to threaten	hospedar	to provide accommodation
asustarse	to get scared	pedir disculpas	to apologize
desespinar	to dethorn	quejarse	to complain
despedirse	to say goodbye	regresar	to return
emigrar	to emigrate	renunciar	to quit
entregar	to deliver	tragar	to swallow
hacer daño	to hurt		

ADJETIVOS

atrevido/a	daring	intimidante	intimidating
desesperado/a	desperate	listo/a	intelligent, clever
embarazada	pregnant	terco/a	stubborn

Después de ver la película

3. **EQUIVALENTES.** Asocia las palabras de la columna de la izquierda con su significado en la columna de la derecha.

   1. ____ regresar   a) decir adiós
   2. ____ pasaje   b) tener miedo
   3. ____ plata   c) dejar
   4. ____ supervisor   d) dar
   5. ____ obstinado   e) permiso para viajar
   6. ____ asustarse   f) boleto, billete
   7. ____ visado   g) jefe
   8. ____ renunciar   h) terco
   9. ____ despedirse   i) volver
   10. ____ entregar   j) dinero

4. **MÚLTIPLES POSIBILIDADES.** Selecciona la única opción que <u>no corresponde</u> al argumento de la película para completar las siguientes frases.

   1. En su primer trabajo, María tenía que _____ las flores.
      a) preparar   b) tragar   c) cortar   d) desespinar

   2. Como María tenía problemas con su jefe, decidió _____ su trabajo.
      a) dejar   b) abandonar   c) renunciar a   d) regresar a

   3. Para poder comprar un pasaje a Nueva York se necesita(n) _____.
      a) muchas disculpas   b) mucho dinero   c) mucha plata   d) muchos pesos

   4. Las mulas deben _____ la droga.
      a) entregar   b) tragar   c) expulsar   d) amenazar

   5. Carla está _____.
      a) embarazada   b) desesperada   c) preocupada   d) casada

   6. Para hacer bien su trabajo una mula no debe _____.
      a) llamar la atención   b) asustarse   c) comer en el avión   d) descansar

5. **CAMBIO DE VIDA.** Completa el siguiente texto con las palabras de la lista.

embarazada	mula	novio	tragar
plantación	jefe	deja	avión
pueblo	bailes	flores	viaje

María tiene 17 años y vive en un (1)_____ al norte de Bogotá con su madre, su abuela, su hermana y su sobrino. Trabaja en una enorme (2)_____ de rosas donde prepara las (3)_____ para la exportación. La única distracción de María son los (4)_____ en la plaza, a los que va los fines de semana con su (5)_____ Juan.

Un día, después de discutir con su (6)_____, María (7)_____ el trabajo y aunque está (8)_____ decide huir de Juan y de su familia en busca de una vida mejor. Durante el (9)_____ a Bogotá, se encuentra con Franklin, consigue trabajo como (10)_____ y aprende a (11)_____ paquetitos de heroína (pepas). Unos días más tarde María sube a un (12)_____ con destino a Estados Unidos.

CONTENIDO Y DISCUSIÓN

6. **LOS PERSONAJES.** En grupos, completen la tabla sobre los personajes de la película y la relación que tienen con María. Luego, compartan la información con el resto de la clase.

Personaje	Personalidad / descripción	Relación/conexión que tiene con María
María		
Blanca		
Juan		
Franklin		
Lucy		
Carla		
Don Fernando		

- ¿Qué personaje creen que está mejor desarrollado (es más creíble)?
- En su opinión, ¿cuál de los actores interpreta mejor su papel? Den ejemplos concretos.

7. **¿QUIÉN LO DIJO?** Las siguientes frases fueron tomadas de la película. Averigua quién las dice y explica el contexto en el que ocurren.

   1. "Recuerdo cómo en un cumpleaños de mi abuelita que llamé a mi casa, podía escuchar a toda mi familia al fondo gritando, riéndose, la música sonando… Y yo lo único que les quería decir era lo mucho que los extrañaba a todos. Todo va mejorando, se lo aseguro".

   2. "Claro que sabemos que no compraste este pasaje. Sabemos que no podrías haber ahorrado tanta plata. Así que dinos la verdad".

3. "Si lo que lleva dentro se pierde en el camino, o no aparece, vamos a su casa y conversamos con su abuelita, con su mamá, con su hermana y con Pachito. Sabemos exactamente cuánto pesa cada una de las 62 pepas que lleva dentro".

4. "La primera vez que fui, quería ver a mi hermana mayor. Cuando llegué me di cuenta de que no tenía qué decirle".

5. "Ustedes tienen que devolver la droga antes de que esa gente les haga daño a sus familias en Colombia".

6. "No es que la quiera echar a la calle. Es simplemente que este apartamento es muy pequeño".

8. **COMPRENSIÓN DE LA TRAMA.** Completa las siguientes oraciones con la opción más apropiada.

   1. El novio de María _____.
      a) no sabe que su novia está embarazada
      b) le pide que se case con él
      c) vive solo
      d) no trabaja

   2. María trabaja en la plantación de rosas porque _____.
      a) le encanta su jefe
      b) disfruta del trabajo
      c) quiere mantener a su familia
      d) tiene la obligación de mantener a su familia

   3. María decide dejar el trabajo y se va a Bogotá para _____.
      a) buscar trabajo
      b) buscar novio
      c) buscar aventuras
      d) buscar drogas

   4. En el camino, Franklin _____.
      a) se enamora de María
      b) no quiere llevarla a Bogotá
      c) le ofrece trabajo a María
      d) intenta matar a María

5. Cuando María se entera de los detalles del trabajo _____.
   a) se asusta y vuelve a su pueblo
   b) acepta las condiciones y los riesgos
   c) rechaza el trabajo por ser demasiado peligroso
   d) recluta a sus amigas para que la acompañen

6. Lucy, la nueva amiga de María, _____.
   a) le enseña a tragar las pepas
   b) la convence de que no acepte el trabajo
   c) le dice que no quiere tener nada que ver con ella
   d) le ofrece dinero para ayudarla con su situación económica

7. En el avión, María _____.
   a) no está nerviosa
   b) sabe que Lucy corre peligro
   c) habla con muchos pasajeros para pedirles socorro
   d) no quiere ayudar a su amiga

8. Cuando los agentes la detienen, _____.
   a) María confiesa que lleva las pepas
   b) María no dice nada
   c) María tiene que someterse a una prueba de rayos X
   d) María no les dice la verdad sobre las drogas

9. En el hotel, _____.
   a) María encuentra a Lucy muerta
   b) las tres mujeres se divierten con los traficantes
   c) María llama a casa para pedir dinero
   d) los hombres matan a Blanca

10. Cuando María conoce a la hermana de Lucy _____.
    a) le cuenta lo que le ha pasado a Lucy en el hotel
    b) quiere contarle lo que le ha pasado a su hermana pero no lo hace
    c) le paga el hospedaje
    d) tiene la intención de robar la casa

11. En Nueva York, María _____.
    a) consigue trabajo fácilmente
    b) vende drogas para sobrevivir
    c) tiene el apoyo de muchos miembros de la comunidad
    d) no echa de menos a su familia

12. Al final de la película _____.
    a) María y Blanca vuelven a casa
    b) María decide quedarse en Nueva York
    c) María soluciona todos sus problemas, consigue un buen trabajo y gana mucho dinero
    d) María vuelve a trabajar para los traficantes de drogas

9. **CONVERSACIÓN Y ANÁLISIS**. Respondan a las siguientes preguntas y prepárense para compartir sus ideas con el resto de la clase.

    1. Describan a la familia de María. ¿Qué relación tiene María con su familia? ¿Qué obligaciones tiene?

       _____
       _____
       _____

    2. ¿Cómo es el pueblo donde vive María? ¿Qué oportunidades laborales hay para los jóvenes? ¿Qué hacen para divertirse?

       _____
       _____
       _____

    3. ¿En qué consiste el trabajo que tiene María? ¿Por qué decide dejarlo? ¿Cuáles son sus planes?

       _____
       _____
       _____

    4. ¿Cuál es el nuevo trabajo que consigue María en Bogotá? ¿Qué tiene que hacer? ¿Cómo aprende a tragar los paquetitos (las pepas)?

       _____
       _____
       _____

5. ¿Cómo es el viaje en avión? Mencionen por lo menos tres problemas que tiene María al llegar a Nueva York. ¿Por qué desconfían los agentes de María? ¿Por qué no la arrestan?

6. ¿Cómo cambia la vida de María al llegar a Nueva York?

7. ¿Por qué Carla decide quedarse en EE.UU.?

8. ¿Cómo termina la película? ¿Creen que María tomó una buena decisión? Expliquen.

10. **LAS MENTIRAS DE MARÍA.** María cuenta muchas mentiras a lo largo de la película. Aquí tienen algunas de ellas. Léanlas y traten de corregirlas para que sean verdad.

> **Modelo:**
>
> En la oficina de Javier, María miente sobre su edad diciendo que tiene 18 años.
> Respuesta:
> *En realidad María tiene sólo 17 años.*

1. María le dice a su madre que ha encontrado trabajo de secretaria en Chiquinquirá.

2. María le dice a Javier que es una amiga de la familia de Franklin.

3. En la aduana María les dice a los agentes:

    - que ha venido a Nueva York a visitar a su hermana.
    - que no ha tragado drogas y que ella ahorró el dinero para comprar el pasaje.
    - que Franklin es su novio y el padre de su bebé.

4. María le explica a Carla que es vecina de Lucy y que ésta le manda saludos.

5. María le dice a Carla que Lucy trabaja de secretaria en una oficina de Bogotá.

6. María comenta que no necesita trabajo en Nueva York porque se va a regresar a Colombia.

PRÁCTICA GRAMATICAL

11. PRETÉRITO E IMPERFECTO. Completa las siguientes frases con el pretérito o el imperfecto. Subraya la opción más adecuada.

1. En el pueblo, María (trabajaba, trabajó) todos los días en una plantación de rosas.
2. Cuando María (dejaba, dejó) el trabajo ya (sabía, supo) que (estaba, estuvo) embarazada.
3. Un día, María (conocía, conoció) a Franklin y su vida (cambiaba, cambió) radicalmente.
4. En el nuevo trabajo, María (aprendía, aprendió) a tragar las pepas.
5. En el avión, María (veía, vio) que (había, hubo) muchas mulas en el mismo vuelo.
6. María (estaba, estuvo) muy nerviosa cuando (pasaba, pasó) por la aduana.
7. Al salir del aeropuerto, dos hombres llevaron a las tres mulas a un hotel donde las jóvenes (pasaban, pasaron) una noche de terror.
8. Cuando Blanca y María (huían, huyeron) del hotel, no (tenían, tuvieron) dónde dormir.
9. La vida en Nueva York no (era, fue) tan fácil como María (esperaba, esperó) pero con la ayuda de Carla y don Fernando por fin (conseguía, consiguió) trabajo.
10. Al final, aunque Blanca (volvía, volvió) a Colombia para estar con su familia, María (decidía, decidió) quedarse en EE.UU.

12. MARÍA EN NUEVA YORK. Completa la siguiente historia de Blanca, la amiga de María, con la forma correcta del pretérito o del imperfecto del verbo entre paréntesis. Después, termina la historia de manera original.

Ayer yo (1)_____ (recibir) una llamada urgente de mi amiga María. Nosotras (2)_____ (conocerse) cuando (3)_____ (ser) estudiantes en Colombia. Me (4)_____ (decir) que (5)_____ (tener) muchos problemas legales en Nueva York porque un día mientras (6)_____ (caminar) por el Parque Central dos hombres armados le (7)_____ (robar) la bolsa con todo su dinero.

Cuando María (8)_____ (ir) a la comisaría de policía para denunciar a los ladrones, el agente le (9)_____ (pedir) su documentación oficial. María (10)_____ (estar) muy nerviosa, pero le (11)_____ (dar) su número de teléfono y la dirección de su casa al agente.

Al día siguiente, el agente la (12)_____ (llamar) para hablar de su situación como inmigrante. María no (13)_____ (saber) qué hacer, pero (14)_____ (reaccionar) instintivamente...

_____

_____

_____

_____

_____

_____

_____

INTERPRETACIÓN Y CREACIÓN

13. **DEBATE.** Formen dos grupos. Lean las siguientes oraciones y justifíquenlas o recháncenlas con ejemplos de la película y de la vida real. Busquen argumentos que anulen las opiniones contrarias.

> El grupo A está de acuerdo con las afirmaciones.
> El grupo B no está de acuerdo con las afirmaciones.

1. María no tiene que aceptar el trabajo como mula porque hay otras opciones en la vida.

2. Al enterarse de que está embarazada, María debe casarse con Juan y quedarse en el pueblo.

3. Lucy no es muy buena amiga de María.

4. María debe darle el dinero que gana en el trabajo a su familia. Es importante que todos contribuyan al mantenimiento de la casa.

5. Franklin no ayuda a María a mejorar su vida.

14. **DRAMATIZACIÓN.** En parejas preparen una de las situaciones a continuación y escenifíquenla.

   1. **En la oficina de Don Fernando**

      A. Tú eres Don Fernando. Un agente del USCIS, la Oficina de Ciudadanía y Servicios de Inmigración (*U.S. Citizenship and Immigration Services*) viene a visitarte a tu oficina y quiere que le des información sobre los indocumentados a los que ayudas para deportarlos. Tú debes oponerte y defender a los inmigrantes. Intenta explicar las razones por las que tú los ayudas.

      B. Tú eres un agente del USCIS, la Oficina de Ciudadanía y Servicios de Inmigración (*U.S. Citizenship and Immigration Services*). Has oído que Don Fernando ayuda a los inmigrantes con problemas en Nueva York. Debes obtener información sobre estos indocumentados para tomar medidas legales contra ellos. Explícale a Don Fernando por qué es importante hacer esto.

2. **Entrevista de trabajo**

   A. Eres María. Estás buscando trabajo y tienes una entrevista para trabajar en la cocina de un hospital. Debes responder a las preguntas que te hagan y explicar qué experiencia laboral tienes y cuáles son tus habilidades.

   B. Eres el supervisor de la cocina de un hospital. Vas a entrevistar a una candidata, María Álvarez, para el puesto de ayudante de cocina. Hazle preguntas sobre su preparación para este trabajo y sobre su experiencia laboral.

3. **De vuelta al pueblo**

   A. Eres Blanca. Tu amiga María ha regresado a Colombia para visitar a su familia tras cinco años en Nueva York. Hazle preguntas sobre su vida en Estados Unidos y cuéntale qué ha pasado en el pueblo en todo este tiempo. También explícale a qué te dedicas tú ahora.

   B. Eres María. Acabas de regresar a Colombia para visitar a tu familia después de cinco años en Estados Unidos. Te encuentras con tu amiga Blanca y hablan sobre sus vidas. Tú quieres saber qué hace Blanca y cómo está Juan. Explícale a Blanca cómo es tu vida ahora en Nueva York, qué echas de menos, a qué te dedicas y qué amigos tienes, entre otras cosas.

15. TEMAS DE ESCRITURA. Escribe un breve ensayo basándote en uno de los siguientes temas.

1. Eres María y un año después de que Blanca volvió a casa, le escribes una carta para contarle cómo es tu vida en Estados Unidos. En la carta debes incluir:

    - una descripción de dónde vives
    - tu rutina diaria
    - tus obligaciones
    - tu opinión de la vida en Estados Unidos
    - una descripción de tus nuevos amigos y del trabajo
    - lo que haces para divertirte

2. Cada individuo toma muchas decisiones importantes en la vida que afectan el transcurso de su vida. Elabora un ensayo crítico en el que analices la vida de María en Colombia. Considera sus opciones y justifica (o desacredita) su decisión de aceptar el trabajo como mula, abandonar a su familia y quedarse en Estados Unidos.

3. Es evidente que María se queda en Estados Unidos porque cree que su hijo tendrá más oportunidades en la vida. ¿Estás de acuerdo? Basándote en lo que sabes de la vida de los inmigrantes y en lo que has visto en la película, enumera las posibles ventajas y desventajas que tendrán María y su hijo en EE.UU. y compara su situación con la que tendrían si vivieran en Colombia.

4. El personaje de Don Fernando está basado en una persona real, Orlando Tobón, e interpretado por él mismo. Tú eres un periodista del New York Times. Escribe la entrevista que le hiciste a Orlando para tu artículo sobre los inmigrantes en Queens. Incluye tus preguntas y las respuestas que Orlando te dio sobre su vida y su trabajo con los inmigrantes en su comunidad.

Capítulo 2

RESUMEN DE LA PELÍCULA

El padre Amaro es un joven que acaba de salir del seminario y es enviado a su primer destino como sacerdote a Los Reyes, un pueblo de México en el que la Iglesia católica es el centro de la comunidad.

Protegido por el obispo, el padre Amaro tratará de solucionar los problemas a los que se enfrenta su comunidad, acallar los ataques a su iglesia y resolver cuestiones personales. El padre Amaro comprenderá lo difícil que es seguir las obligaciones impuestas por la Iglesia católica.

PREPARACIÓN

Antes de ver la película

1. **PARA EMPEZAR.** Comenta las siguientes preguntas con tus compañeros y comparte las respuestas de tu grupo con la clase.

   1. ¿Qué sabes de la Iglesia católica? ¿Qué votos (*vows*) que no existen en otras religiones tiene la obligación de tomar un sacerdote católico? ¿Qué opinas de estas reglas?

   2. ¿Qué reglas deben obedecer todos los católicos? ¿Sabes cuáles son los mandamientos de la Iglesia católica?

   3. ¿Con qué dinero crees que se financia la Iglesia? ¿Debería el Estado proporcionarle dinero a la Iglesia en aquellos países en los que la mayoría de la población es católica?

   4. ¿Crees que la sociedad actual está perdiendo la fe? ¿Somos más o menos religiosos que en otras épocas? ¿Entendemos la religiosidad de manera diferente? Explica.

2. **TEMAS DE INVESTIGACIÓN.** Busquen información en libros, en periódicos o en Internet sobre algunos de los siguientes temas. Prepárense para presentar la información en clase.

   1. **La religión en la sociedad mexicana.** Busquen estadísticas del número de católicos que hay en México. Investiguen la influencia que tiene la religión en la vida diaria de los mexicanos. ¿Qué tipo de tradiciones o festividades tienen un origen religioso? Expliquen alguna de ellas con detalles.

   2. **Las narcolimosnas.** Averigüen qué son las narcolimosnas. Después, busquen en el Internet información sobre este fenómeno y su presencia en el mundo hispano. Recopilen información sobre casos reales y la opinión pública respecto a este tema.

   3. **La Teología de la liberación en América Latina.** ¿En qué ideas se basa esta teología? ¿Cuáles fueron sus principales representantes? ¿Qué piensa la Iglesia católica sobre los sacerdotes que siguen esta doctrina?

VOCABULARIO

SUSTANTIVOS

el aborto	abortion	la hostia	host (religious context)
el bautizo	christening	el lavado de dinero	money laundering
la castidad	chastity	la limosna	alms, donation
el celibato	celibacy	la monja	nun
el chantaje	blackmail	el narco	drug trafficker
el cura	priest	el obispo	bishop
el desmentido	denial, rebuttal	el pecado	sin
el dispensario	medical clinic	el presidente municipal	mayor
la doctrina	catechism, religious education	el sacerdote	priest
el guerrillero	guerrilla fighter	el sacristán	sexton
el/la hereje	heretic	el voto	vow

VERBOS

amenazar	to threaten	excomulgar	to excommunicate
arrepentirse de	to repent for	publicar un desmentido	to issue a denial
blasfemar	to blaspheme	rezar	to pray
confesar	to confess		

ADJETIVOS

altruista	altruistic	embarazada	pregnant
ambicioso/a	ambitious	intimidante	intimidating
corrupto/a	corrupt		

Después de ver la película

3. **¿QUÉ PALABRA NO PERTENECE AL GRUPO?** Escoge la palabra de cada línea que no tenga relación con el resto.

   1. a) voto   b) celibato   c) chantaje   d) castidad
   2. a) hostia   b) dinero   c) limosna   d) donación
   3. a) cura   b) sacerdote   c) padre   d) sacristán
   4. a) diócesis   b) dispensario   c) hospital   d) clínica
   5. a) pecado   b) confesar   c) bautizo   d) arrepentirse
   6. a) obediencia   b) ateo   c) blasfemar   d) hereje

4. **LOS ASUNTOS DE LOS REYES.** Completa las frases con las palabras de la lista de vocabulario. Haz los cambios necesarios.

guerrilleros	excomulgado	sacristán	rezan
sacerdotes	castidad	bautismo	confiesan
embarazada	pecados		

   Los (1)_____, como el padre Benito y el padre Amaro, cometen varios (2)_____ a lo largo de la película. Los dos tienen relaciones sexuales con distintas mujeres y violan el voto de (3)_____. Otro cura, el padre Natalio, fue (4)_____ por el obispo por su supuesta colaboración con (5)_____ que luchan contra el gobierno. Pero los curas nunca (6)_____ sus pecados, guardan sus secretos con mucho cuidado porque no quieren que el pueblo sepa lo que hacen.

   El (7)_____ descubre lo que pasa entre el padre Amaro y Amelia. Le informa al padre Benito pero es demasiado tarde porque Amelia ya está (8)_____ y el padre Amaro tiene que buscar una solución rápida y eficaz.

CONTENIDO Y DISCUSIÓN

5. **LOS REPRESENTANTES DE LA IGLESIA.** En grupos, ordenen con números del 1 al 4 (1 es el mejor/el más, 4 es el peor/el menos) a los siguientes personajes según las preguntas de la tabla. Todos los números del 1 al 4 deben aparecer en cada columna. Después prepárense para justificar sus respuestas explicando sus puntuaciones.

	¿Quién es el mejor católico?	¿Quién vive mejor?	¿Quién es el más hipócrita?
Padre Amaro			
Padre Benito			
Padre Natalio			
El Obispo			

6. **LO QUE REVELAN LAS PALABRAS.** Estas conversaciones son citas tomadas de la película. Identifica a los personajes que las dicen y explica el contexto en el que tienen lugar estos diálogos. Analiza a los personajes según lo que dicen:

   1. —Nunca comulgas.
      —Porque no creo en esas cosas.
      —¿No crees en Dios?
      —A ti te importan las misas más que lo nuestro.
      —Contéstame, ¿crees en Dios?
      —Puede ser, pero no en el que te pintan los curas.
      —¿Tú eres comunista?
      —Ay chiquita, no seas tonta.

2. —Es una chiquilla, ¿no te diste cuenta?
—Los dos sabemos lo que estamos haciendo, Padre.
—Pero tú eres sacerdote.
—Y también soy hombre.
—Hiciste voto de castidad.
—Ah, porque me obligaron.
—Voy a tener que informar al señor obispo.
— No, usted no va a decir nada, padre.
—Ya verás como sí.
—Entonces usted me va a obligar a decirle lo que yo sé de la Sanjuanera.
—No es lo mismo, joder. Lo de la Sanjuanera es distinto. Esa pobre mujer...
—Es lo mismo, padre.
—¿Me estás chantajeando?

3. —Pues resulta que el tal Rubén, el hijo de don Paco, la había embarazado, ¡imagínate!
—¡Qué desgraciado!
—Pues la pobre estaba desesperada y se fue a sacar al niño a una de esas clínicas horribles. El padre Amaro, que es un santo, no sé cómo, la fue a salvar.

4. —¿Usted ya sabía lo del Chato Aguilar?
—Donde abunda el pecado, sobreabundará la gracia, hijo. Hasta los santos cometen errores. Lo importante es reconocerlos. [...] Ya hablé con el director del periodicucho ese y vamos a publicar un desmentido. Tú lo vas a escribir.

7. **COMPRENSIÓN DE LA TRAMA.** Completa las siguientes oraciones sobre la trama de la película.

   1. Amelia da clases de _____ a los niños de la parroquia.
   2. El padre Benito va a la hacienda del Chato Aguilar para _____.
   3. El padre Amaro conoce a Amelia en _____.
   4. Amelia se enamora del padre Amaro porque _____.

5. El Centro Hospitalario se está construyendo gracias a _____
   _____.
6. Rubén tiene problemas en el trabajo porque _____
   _____.
7. El obispo amenaza al padre Natalio con la excomunión porque _____
   _____.
8. La excusa que inventa el padre Amaro para verse en secreto con Amelia es _____
   _____.
9. Cuando el padre Amaro descubre que el sacristán le ha contado su secreto al padre Benito, el padre Amaro _____.
10. El padre Amaro, al enterarse de que Amelia está embarazada _____
    _____.
11. Dionisia ayuda al padre Amaro a _____.
12. Al final Amelia muere a causa de _____.

8. **CONVERSACIÓN Y ANÁLISIS.** Respondan a las siguientes preguntas y prepárense para compartir sus ideas con el resto de la clase.

   1. ¿Qué importancia tiene la Iglesia en Los Reyes? Da ejemplos concretos de su poder dentro de esta comunidad.

      _____
      _____
      _____

   2. Describan tres conflictos que se presentan en la película. ¿Qué ocurre? ¿Se solucionan los problemas?

      _____
      _____
      _____

3. En una escena el padre Amaro visita al padre Natalio y le entrega la nota del obispo con la orden de excomunión. ¿Por qué creen que el padre Amaro en este momento dice que admira al padre Natalio?

_____
_____
_____

4. ¿Por qué quiere Amelia casarse con Rubén después de quedarse embarazada? ¿Lo ama? ¿Qué opinas de esta actitud de Amelia?

_____
_____
_____

5. Describan la última escena de la película (en la iglesia). ¿Qué pasa? ¿Creen que se arrepiente de sus pecados?

_____
_____
_____

6. ¿Ha cometido un crimen el padre Amaro o solamente un pecado? Justifiquen su respuesta.

_____
_____
_____

7. La frase "El que esté libre de pecado que arroje la primera piedra" aparece al principio de la película. ¿A qué creen ustedes que se refiere? ¿Quién en su opinión está libre de pecado en la película?

_____
_____
_____

PRÁCTICA GRAMATICAL

9. **SER, ESTAR Y HABER.** Completa las siguientes frases con el presente de los verbos **ser**, **estar** y **haber**. Presta atención a la concordancia verbal.

   1. El padre Amaro, recién ordenado sacerdote, _____ un joven de 24 años.
   2. La iglesia de Los Reyes _____ en una zona rural de México.
   3. El padre Amaro se da cuenta de que _____ mucha corrupción en el pueblo.
   4. Rubén _____ buscando trabajo en la capital porque lo han echado del periódico.
   5. El padre Benito _____ enfermo del corazón y sufre un ataque cardíaco.
   6. Amelia le cuenta al padre Amaro que _____ embarazada.
   7. El obispo no _____ contento con las noticias del periódico sobre los sacerdotes de su diócesis.
   8. Para el padre Amaro no _____ nada más importante que su vocación.
   9. _____ evidente que la comunidad de Los Reyes no acepta a los herejes.
   10. El padre Amaro _____ culpable de haber pecado pero no confiesa su crimen.

10. **CONTRASTES.** Completa las siguientes frases con los verbos **ser** o **estar** en la forma del presente.

    1. a) El Chato Aguilar _____ un hombre rico, puesto que el negocio del narcotráfico produce buenos beneficios.
       b) —Sanjuanera, esta comida _____ muy rica. ¿Puede servirme otro plato?
    2. a) La misa del domingo _____ una celebración religiosa a la que acude casi todo el pueblo.
       b) La misa del domingo _____ a las 9 de la mañana.
       c) La misa del domingo _____ llena de gente.
    3. a) El padre Natalio _____ listo para abandonar la Iglesia y empezar una nueva vida fuera del sacerdocio.
       b) El sacristán _____ muy listo y en seguida comprende lo que está pasando entre el padre Amaro y Amelia.

4. a) La Sanjuanera _____ preocupada por la salud del padre Benito.
   b) La imagen pública de la Iglesia _____ preocupante para el señor obispo.

5. a) El padre Benito _____ malo del corazón.
   b) El padre Amaro demuestra que _____ una mala persona cuando despide al sacristán por contar la verdad.

6. a) Rubén _____ interesado en publicar un artículo sobre el narcotráfico.
   b) _____ interesante analizar el papel que tiene la iglesia en la comunidad de Los Reyes.

11. **EL PUEBLO DE LOS REYES**. Piensen en el pueblo donde sucede la historia y descríbanlo detalladamente usando el imperfecto. Utilicen las expresiones o palabras de la lista.
    ¿Cómo era?
    ¿Qué había en el pueblo?
    ¿Cómo era la gente que vivía allí?
    ¿Cómo se relacionaban entre ellos?
    ¿Qué problemas había?

satisfecho/a con	situado/a en	corrupción
muy religioso/a	de mentalidad cerrada/intolerante	
unido/a por	generoso/a	enfadado/a con
sumiso/a	crítico/a	escándalo

_____
_____
_____
_____
_____
_____

INTERPRETACIÓN Y CREACIÓN

12. DEBATE. Comenten las siguientes oraciones y compartan sus opiniones. Justifíquenlas con escenas específicas de la película y prepárense para defender sus ideas.

Debate I:

1. El padre Amaro, al enterarse de que Amelia está embarazada, no debe casarse con ella porque su trabajo para la iglesia es más importante.

2. Para Amelia, el aborto es la única opción que hay.

3. El Padre Amaro es un buen cura, aunque tenga defectos como persona. Él no es culpable de la muerte de Amelia.

4. El padre Amaro no debe confesar sus pecados en la iglesia porque es un asunto privado entre Amelia y él.

5. Amelia es una provocadora e incita al padre Amaro a pecar. Ella es la verdadera culpable de lo que sucede y merece haber muerto.

Debate II:

1. La Iglesia puede aceptar las narcolimosnas, es decir, el dinero que viene del narcotráfico y utilizarlas para buenas causas.

2. Es posible ser narcotraficante o guerrillero y un buen cristiano al mismo tiempo.

3. El padre Benito demuestra tener mejor conciencia que el padre Amaro, porque acepta que ha pecado y está arrepentido.

4. El padre Natalio no es un mal ejemplo para la Iglesia y no debe ser excomulgado.

5. La comunidad católica de Los Reyes debe obedecer fielmente la doctrina de la Iglesia sin cuestionarla.

13. DRAMATIZACIÓN. En parejas preparen una de las situaciones a continuación y escenifíquenla.

1. **Confesiones finales**

   A. Eres Dionisia, la única persona que sabe toda la verdad sobre lo ocurrido entre el padre Amaro y Amelia. Habla con el padre Amaro e intenta convencerlo de que confiese sus pecados. Tú crees que la comunidad de Los Reyes tiene derecho a saber la verdad y acusas al padre Amaro de su hipocresía.

   B. Eres el padre Amaro. Tú crees que no es necesario que el pueblo sepa la verdad ya que sólo afectaría negativamente a la comunidad. Defiende tu labor eclesiástica y amenaza a Dionisia recordándole su culpabilidad en la muerte de Amelia.

2. **En familia**

   A. Eres Amelia. Después de enterarte de que estás embarazada hablas con tu madre para contarle la verdad sobre tu relación con el padre Amaro. Explícale la oposición del padre Amaro a tener el bebé y pídele consejo.

   B. Eres la Sanjuanera. Estás muy sorprendida cuando tu hija te cuenta que está embarazada pero naturalmente comprendes la situación. Intenta consolar a tu hija hablándole de las posibles opciones y ofrécele tu perspectiva y consejos sobre la mejor solución.

3. **En busca del perdón**

   A. Eres el padre Amaro. Decides que es mejor contarle la verdad al obispo antes de que lo sepa todo por otros medios. Explícale tus ideas sobre el celibato y por qué decidiste romper tu voto de castidad. Tu intención al hablar con el obispo es poder mantener tu trabajo como sacerdote. Pídele perdón y convéncelo.

   B. Eres el obispo. Al enterarte de otro escándalo sacerdotal en Los Reyes te enfureces pero intentas entender el punto de vista del padre Amaro. Explica la postura oficial de la Iglesia católica y la importancia de cumplir los votos. Finalmente decide cuál es el castigo más apropiado para este joven cura que tiene tanto potencial.

14. **TEMAS DE ESCRITURA.** Escribe un breve ensayo basándote en uno de los siguientes temas.

   1. **Una nueva vida.** Eres el padre Amaro. Después de la muerte de Amelia, decidiste dejar el trabajo en Los Reyes y mudarte a otra ciudad para empezar una nueva vida. Ahora escríbele una carta a Agustina Sanjuanera, la madre de Amelia, para contarle la verdad (o no) sobre lo que ocurrió y cómo es tu nueva vida. En la carta debes incluir la siguiente información:

      - saludo (*Querida Agustina:*)
      - por qué le escribes la carta
      - una breve narración de lo que ocurrió en Los Reyes
      - una descripción de dónde vives ahora, la ciudad, etc.
      - tus obligaciones, trabajo, amigos, ¿familia?
      - lo que haces para olvidar lo que pasó, seguir adelante con tu vida o tu penitencia
      - tus planes para el futuro
      - despedida

   2. **El voto de obediencia.** ¿Es posible ser un buen cristiano si no se siguen los preceptos marcados por la Iglesia? ¿Es indispensable la obediencia al obispo? ¿Debe un buen sacerdote cuestionar las órdenes dadas por sus superiores? Analiza la labor del padre Natalio en la película y evalúa su posición moral. Decide si el obispo ha hecho bien en excomulgarlo o si ha cometido un grave error al hacerlo.

   3. **Los asuntos de la Iglesia.** Escribe un artículo para el periódico de Los Reyes dando tu opinión sobre el caso del padre Benito. Decide si sus acciones se pueden justificar o no y razona tu respuesta con ejemplos concretos. Las siguientes preguntas te pueden servir de ayuda.

      - ¿Es la Iglesia una comunidad que sólo debe responder ante Dios?
      - ¿Tiene derecho la Iglesia a beneficiarse del dinero "sucio"?
      - ¿Tiene razón el Padre Benito cuando dice: *"Yo siempre he pensado que al dinero para las buenas obras no hay que ponerle peros. [...] es dinero malo que se hace bueno"*?
      - ¿Debería haberle dicho al obispo de dónde venía el dinero?

Capítulo 3

RESUMEN DE LA PELÍCULA

La historia de El laberinto del fauno *se desarrolla en dos escenarios muy diferentes: por una parte, la realidad de la España franquista de los años cuarenta y por otra, un mundo ficticio propio de un cuento de hadas. Cuando Ofelia se ve obligada a vivir en un campamento militar, debe afrontar estas dos "realidades" que le imponen pruebas y dificultades que debe superar. Las decisiones que tiene que tomar Ofelia no son fáciles, pero ella hará todo lo posible para sobrevivir estas experiencias violentas y evitar que su mundo se desintegre. ¿Podrá superar estas pruebas y escapar del laberinto?*

PREPARACIÓN

Antes de ver la película

1. **PARA EMPEZAR**. Comenta las siguientes preguntas con tus compañeros y comparte las respuestas de tu grupo con la clase.

    1. ¿Has leído alguna vez un cuento de hadas? Describe a los personajes y cuenta la historia con tus propias palabras.

    2. ¿Crees que los cuentos de hadas son solamente para niños? ¿Por qué? Justifica tu respuesta. ¿Puedes pensar en algún cuento que contenga una moraleja o mensaje dirigido a los adultos? Explica.

    3. Uno de los escenarios de esta película está ubicado en España después de la guerra civil. ¿Puedes explicar en qué consiste una guerra civil? ¿Qué dificultades puede experimentar un país recién salido de una guerra civil? ¿Cómo es posible reconstruir el país al terminar la guerra civil?

2. **TEMAS DE INVESTIGACIÓN**. Busquen información en libros, en periódicos o en Internet sobre algunos de los siguientes temas. Prepárense para presentar la información en clase.

    1. **La Guerra Civil Española**. ¿Cuándo tuvo lugar? Expliquen con sus propias palabras las causas de la guerra, cuáles eran los dos bandos y las consecuencias de la guerra para España.

    2. **La España moderna**. Busquen los eventos principales de la historia de España desde el fin de la Guerra Civil hasta el presente. ¿En qué periodos se pueden dividir esos años? ¿Cuáles son las figuras más destacadas?

    3. **Guillermo del Toro**. Resuman la biografía de este director y mencionen sus principales aportaciones a la industria del cine. Escojan una de sus obras y prepárense para explicar su argumento a la clase.

VOCABULARIO

SUSTANTIVOS

el arma	weapon	el molino	mill
la bodega	pantry	el monte	woods
el candado	lock	la pistola	gun/pistol
el campo de batalla	battlefield	el puesto de vigilancia	command post
la cartilla de racionamiento	ration card	la prueba	test
el cómplice	accomplice	la ración	ration
el cuchillo	knife	el refuerzo	reinforcement
el cuento	story	el régimen fascista	fascist regime
el disparo/tiro	shot	el reino	kingdom
la encrucijada	crossroads	la resistencia	resistance
el fauno	faun	el sapo	toad
la gota	drop	el tartamudo	stutterer
el hada (las hadas)	fairy (fairies)	la tiza	chalk
la mandrágora	mandrake root		

VERBOS

derramar sangre	to shed blood	luchar/combatir	to fight
disparar	to shoot	obedecer	to obey
encontrarse bien/mal	to be well/ill	saquear	to plunder

ADJETIVOS

amenazador	threatening	herido/a	hurt
cobarde	coward	soberbio/a	arrogant
embarazada	pregnant		

Después de ver la película

3. **PALABRAS RELACIONADAS.** Escoge la palabra de cada línea que menos se relacione con las otras.

   1. a) ejército   b) monte   c) capitán   d) sargento
   2. a) cuchillo   b) tiza   c) arma   d) pistola
   3. a) gota   b) racionamiento c) bodega   d) cartilla
   4. a) fauno   b) sapo   c) hada   d) disparo
   5. a) mandrágora   b) batalla   c) combatir   d) refuerzos

4. **CONEXIONES.** Une cada palabra de la columna izquierda con otra de la columna derecha con la que se pueda relacionar. Explica la conexión que existe entre las dos palabras.

   1. la llave   a) el racionamiento
   2. perderse   b) la herida
   3. la pizarra   c) el rifle
   4. derramar   d) la hora
   5. el reloj   e) la tiza
   6. la cartilla   f) el candado
   7. el tiro   g) el laberinto
   8. el antibiótico   h) la sangre

5. **CUENTOS DE HADAS.** Completa el siguiente texto con las palabras del cuadro.

reloj de arena	amenazadora	triunfa
naturaleza	humanos	veneno
peligros	prueba	
crueldad	cuentos	

Si analizamos los (1)_____ de hadas, nos daremos cuenta de que lejos de ser historias inocentes y tranquilizadoras son realmente relatos trágicos con una gran dosis de (2)_____.

Los personajes suelen ser princesas, que son sometidas a una (3)_____. Encontramos elementos como el (4)_____, que marca el tiempo que queda antes de que algo horroroso ocurra. A menudo están presentes otros personajes no (5)_____, como hadas, monstruos o incluso animales, que son capaces de conversar e interactuar con las princesas. La (6)_____ puede aparecer como algo positivo, como las flores, los frutos y el sol, o puede ser (7)_____ y afectar negativamente a los personajes, como la noche oscura, las montañas inaccesibles o las tormentas.

Es común también que alguien deba beber una poción mágica que frecuentemente contiene algún tipo de (8)_____. Pero tras pasar por varias dificultades y (9)_____, al final siempre (10)_____ el bien.

CONTENIDO Y DISCUSIÓN

6. **LOS PERSONAJES.** En grupos, escojan a los personajes femeninos o a los masculinos. Completen la información de la tabla y después comparen a sus personajes. ¿En qué se diferencian? ¿Qué rasgos tienen en común? Luego prepárense para compartir la información con el resto de la clase.

Grupo I

Personajes femeninos	Explica la relación entre ellas	Diferencias	Adjetivos para describirlas	Ambiciones, ideales y secretos
Ofelia				
Carmen				
Mercedes				

Grupo II

Personajes masculinos	Ideología política	Valores personales	Adjetivos para describirlos
Capitán Vidal			
Dr. Ferreiro			
Pedro			

7. **¿QUIÉN LO DIJO?** Compara estas dos citas de la película. ¿Quién las dice? ¿A qué hacen referencia?

    1. "Es que... obedecer por obedecer, así sin pensarlo, eso sólo lo hacen gentes como usted, capitán".

    2. "He decidido daros otra oportunidad. ¿Prometéis obedecerme? ¿Haréis todo lo que yo os diga, sin cuestionarlo? Es vuestra última oportunidad".

    Analiza estas otras citas. Averigua quién las dice. Explica el contexto en el que ocurren y su importancia en la película.

    3. "Estoy aquí porque quiero que mi hijo nazca en una España limpia y nueva. Porque esta gente parte de una idea equivocada: que somos todos iguales. Pero hay una gran diferencia, que la guerra terminó y ganamos nosotros".

    4. "Entregádmelo ya, el portal sólo se abrirá si derramamos en él sangre inocente".

    5. "Escucha, si me obedeces, te prometo una cosa. Te llevaré a mi reino y serás un príncipe. Te lo prometo, un príncipe".

    6. —Por el amor de Dios, no es más que una mujer.
       —Es lo que pensó usted siempre. Por eso pude estar cerca, porque yo era invisible para usted.

8. **COMPRENSIÓN DE LA TRAMA.** Completa las siguientes oraciones con la opción más apropiada.

1. El verdadero padre de Ofelia _____.
   a) es el capitán Vidal
   b) está muerto
   c) está escondido en el monte
   d) es el doctor Ferreiro

2. Carmen no se encuentra bien porque _____.
   a) está embarazada
   b) viaja mucho
   c) no quiere a su marido
   d) tiene alergias

3. Durante la primera noche en el campamento, _____ lleva a Ofelia a un laberinto secreto.
   a) una bruja
   b) un sapo
   c) un fauno
   d) un hada

4. *El Libro de las encrucijadas* contiene _____.
   a) cinco canciones
   b) tres pruebas
   c) cuatro poemas
   d) dos cuentos

5. En el pueblo, cada familia recibe una cartilla de racionamiento _____.
   a) para evitar que coman demasiado
   b) para envenenar a la población
   c) para evitar que se mueran de hambre
   d) para que sólo coman pan

6. Mercedes arriesga su vida porque _____.
   a) quiere ayudar a los fascistas
   b) es una cobarde
   c) le interesa ver a sus padres
   d) desea ayudar a su hermano

7. Durante la segunda prueba, Ofelia apenas escapa con vida después de _____.
   a) hablar con las hadas
   b) matar el sapo
   c) comer unas uvas
   d) envenenar al capitán Vidal

8. Para el capitán Vidal, lo más importante es _____.
   a) su futuro hijo
   b) su mujer
   c) su hija Ofelia
   d) su médico personal

9. Aun con la ayuda de Mercedes y el Dr. Ferreiro, la resistencia no consigue _____.
   a) información
   b) medicinas
   c) alimentos
   d) todo lo que necesita

10. El fauno intenta ayudar a Carmen cuando le da _____ a Ofelia.
    a) un libro
    b) una mandrágora
    c) un tiro
    d) una prueba

11. El capitán Vidal mató al Dr. Ferreiro porque _____.
    a) no lo obedeció
    b) no le salvó la vida
    c) no ayudó al tartamudo
    d) no curó a su mujer

12. La última prueba del fauno consiste en _____.
    a) matar al capitán
    b) ayudar a la resistencia
    c) comer la fruta prohibida
    d) derramar sangre inocente

Capítulo 3

9. **CONVERSACIÓN Y ANÁLISIS.** Respondan a las siguientes preguntas y prepárense para compartir sus ideas con el resto de la clase.

   1. ¿Cómo es el campamento al que llegan Ofelia y su madre? ¿Dónde está situado? ¿Qué hay en los alrededores? ¿Quiénes viven dentro y quiénes fuera del campamento?

   2. Ofelia conoce a un hada, que la lleva a un laberinto. Allí, ¿a quién encuentra? ¿Cómo es este personaje y qué historia le cuenta sobre una princesa?

   3. Un invitado a la cena le cuenta al capitán Vidal que él conoció a su padre. ¿Por qué estrelló su reloj contra el suelo al morir? El capitán niega que su padre tuviera un reloj. ¿Por qué creen ustedes que miente?

   4. ¿Qué significa el vestido verde para Carmen? ¿Y para Ofelia? Describan qué ocurre con el vestido.

   5. ¿Qué hace Ofelia con la mandrágora y cuál es su resultado en el mundo real? ¿Qué ocurre cuando el capitán descubre la mandrágora?

6. En caso de que haya problemas durante el nacimiento de su hijo, ¿qué le ordena el capitán al doctor? ¿Por qué creen ustedes que el capitán toma esta decisión?

_____
_____
_____

7. ¿Cómo va el capitán a conseguir información del tartamudo? ¿Para qué llama al doctor cuando está interrogándolo?

_____
_____
_____

8. ¿Por qué mata el doctor al tartamudo con una inyección letal?

_____
_____
_____

9. ¿Por qué sospecha el capitán que Mercedes ayuda a la resistencia? ¿Qué ocurre cuando el capitán la interroga? Den detalles.

_____
_____
_____

10. ¿Qué eventos ocurren en el laberinto al final de la historia? ¿Qué creen que va a pasar con el bebé?

_____
_____
_____

PRÁCTICA GRAMATICAL

10. PRONOMBRES DE OBJETO DIRECTO. Contesta las siguientes preguntas usando un pronombre de objeto directo cuando sea posible.

1. ¿Dónde conoció Ofelia al fauno?
   _____

2. ¿Por qué mató el capitán a los dos campesinos?
   _____

3. ¿Dónde escondió Ofelia *El libro de las encrucijadas*?
   _____

4. ¿Qué hizo el capitán cuando vio la mandrágora?
   _____

5. ¿Por qué creen Uds. que Ofelia comió las uvas durante la segunda prueba?
   _____

6. ¿Con qué dibujó Ofelia la puerta?
   _____

11. COMBINACIONES. Usando el presente, escribe frases completas sustituyendo los complementos directos e indirectos por sus pronombres correspondientes cuando sea posible.

Modelo: Mercedes / no contar / la verdad / al capitán
Mercedes no se la cuenta.

1. El fauno / dar / *El libro de las encrucijadas* / a Ofelia
   _____

2. El Dr. Ferreiro / poner / una inyección letal / al tartamudo.
   _____

3. Los guardias / entregar / cartillas de racionamiento / a las familias del pueblo.
   _____

4. El fauno / pedir / a Ofelia / que le lleve / a su hermano.
   _____

5. Sorprender / a nosotros / el final inesperado de la película.
   _____

El laberinto del fauno | 43

12. ¡A OBEDECER! Escribe el mandato apropiado para cada caso sustituyendo los complementos directos e indirectos por sus pronombres. Utilicen las formas de tú, usted, vosotros o ustedes según corresponda.

Modelo:

Ofelia a Mercedes (tú)   contar a mí un cuento   *Cuéntamelo.*

1. El fauno a Ofelia (tú)   no comer las uvas   _____
2. El capitán a Mercedes (Ud.)   ir a la bodega   _____
3. El tartamudo al médico (tú)   matar a mí   _____
4. Mercedes a los de la resistencia (vosotros o Uds.)   no pedir comida a mí   _____
5. El capitán a los soldados (Uds.)   buscar a los traidores   _____
6. El fauno a Ofelia (tú)   entregar a tu hermano a mí   _____
7. Carmen a Ofelia (tú)   ponerse el vestido verde   _____

INTERPRETACIÓN Y CREACIÓN

13. DEBATE. Lean las siguientes oraciones y en grupos decidan si están de acuerdo o no están de acuerdo con ellas. Compartan sus opiniones con el resto de la clase y justifiquen sus opiniones con escenas específicas de la película.

1. Los soldados de la resistencia deberían haber aceptado su derrota en la guerra. Por lo tanto, los fascistas tenían derecho a perseguirlos para mantener el orden.

2. El capitán hacía lo que le parecía lo mejor para el país.

3. En la guerra todo vale. Los crímenes durante una guerra civil no deben ser castigados ni penalizados.

4. Los subversivos que escondían su verdadera identidad y convivían con los fascistas, como el Dr. Ferreiro y Mercedes, eran cobardes por no confrontar a sus enemigos directamente.

5. La decisión del doctor de matar al tartamudo no es ética y se debe considerar un asesinato.

14. DRAMATIZACIÓN. En parejas preparen una de las situaciones a continuación y escenifíquenla.

1. **El legado del capitán Vidal**

    A. Eres el hermano de Ofelia y has cumplido ya los 18 años. Quieres saber quién era tu verdadero padre y dónde está ahora. Pídele a Mercedes información sobre él y sobre qué clase de persona era. Convence a Mercedes de que tienes derecho a saber quién era tu padre.

    B. Eres Mercedes. Después de cuidar al hijo del capitán durante 18 años, debes responder a las preguntas que éste te hace sobre su verdadero padre. Le juraste al capitán Vidal que ni siquiera le dirías su nombre, pero ahora que ha pasado tanto tiempo estás dispuesta a contarle algo. ¿Qué le vas a decir a este chico?

2. **La resistencia**

    A. Eres Mercedes. Después de la muerte del doctor Ferreiro, te reúnes con tu hermano para contarle lo que ha sucedido e informarle de tu decisión de unirte a la resistencia. Explícale por qué crees que esto es lo más conveniente para todos.

    B. Eres Pedro, el hermano de Mercedes. Al enterarte de que tu hermana quiere dejar la casa del capitán y unirse a tu grupo debes intentar disuadirla. Busca argumentos para convencerla de que ayudará más a la resistencia desde la casa cuartel.

3. **Divisiones internas**

    A. Eres el doctor Ferreiro. Decides enfrentarte al capitán y reprocharle todos los crímenes que ha realizado impunemente. Explícale por qué lo has traicionado repetidamente y sugiere ideas alternativas de cómo se puede mantener el orden en España sin necesidad de torturar a los de la resistencia.

    B. Eres el capitán Vidal. Responde a las acusaciones del doctor Ferreiro sobre tus acciones contra la resistencia. Justifica tu trabajo como militar de eliminar a la oposición y explica la situación actual del país con tu versión de lo que hay que hacer para mantener el orden y no volver a la guerra.

15. TEMAS DE ESCRITURA. Escribe un breve ensayo basándote en uno de los siguientes temas.

1. **Una entrevista con el director.** Eres estudiante de periodismo y has realizado una entrevista al director de la película, Guillermo del Toro. Escribe un artículo para incluir en el periódico de tu colegio o universidad que contenga la conversación entre los dos. Puedes explorar temas como su inspiración, experiencias personales o familiares, a qué público va dirigida esta película, los actores con los que ha trabajado y otros proyectos u otros temas de interés.

2. **Una reseña.** Escribe una crítica personal de esta película. Usa algunas de las siguientes ideas como guía para elaborar tu composición:

    - resumen breve del argumento
    - análisis de la integración entre el mundo ficticio y la realidad histórica
    - *El laberinto del fauno* en la trayectoria profesional de Guillermo del Toro.
    - técnicas utilizadas (narración, cinematografía, etc.)
    - reacciones o impresiones al ver la película (¿Te impresionó alguna escena en particular?)
    - ¿Recomendarías esta película? ¿A quién?

3. **Análisis de realidad y ficción.** En la película *El laberinto del fauno* Ofelia tiene dificultades para separar el mundo real del mundo fantástico. Escribe un ensayo en el que analices la función que tiene este mundo ficticio en la película. ¿Crees que existe el laberinto y los personajes que lo habitan? ¿O es sólo un producto de la imaginación de Ofelia? ¿Cuál es la relación que existe entre los dos mundos? Explica con ejemplos de escenas de la película.

Capítulo 4

RESUMEN DE LA PELÍCULA

El método *es un acercamiento a la realidad feroz que se vive en los altos cargos de las compañías modernas. El espectador presencia un método de selección de personal poco convencional en el que se revela lo peor de cada candidato.* El método *es una lucha salvaje por llegar hasta lo más alto. ¿Qué estarán dispuestos a hacer los candidatos?*

PREPARACIÓN

Antes de ver la película

1. **PARA EMPEZAR**. Comenta las siguientes preguntas con tus compañeros y comparte las respuestas de tu grupo con la clase.

    1. ¿Has ido alguna vez a una entrevista de trabajo? ¿Para qué puesto era? ¿Qué te preguntaron? Comenta esta experiencia con un compañero.

    2. Elabora una lista de consejos útiles para triunfar en una entrevista de trabajo.

    3. En tu opinión, ¿qué características debe tener una persona para llegar a ser un buen director de empresa? ¿Es necesario no tener escrúpulos? ¿Crees que serías un buen jefe? Explica.

    4. ¿Mentirías en una entrevista de trabajo para conseguir un puesto o no? ¿Qué estarías dispuesto a hacer para conseguir un trabajo?

    5. ¿Crees que hoy en día existe el sexismo en el mundo del trabajo? ¿Deben las mujeres esforzarse el doble para conseguir lo mismo que los hombres? ¿Hay trabajos en los que sea preferible contratar a mujeres? ¿Hay trabajos que sean solo adecuados para hombres?

2. **TEMAS DE INVESTIGACIÓN**. Busquen información en libros, en periódicos o en Internet sobre algunos de los siguientes temas. Prepárense para presentar la información en clase.

    1. ¿Qué es el Fondo Monetario Internacional (FMI)? ¿Y el Banco Mundial? ¿Cuál es la función de estas organizaciones? ¿Qué objeciones tienen los grupos que se manifiestan en contra de ellas y qué cambios exigen? Expliquen.

    2. Escojan un país donde se hable español. Averigua cuáles son las principales empresas internacionales de ese país. ¿Cuáles son las empresas estatales más importantes? ¿Qué multinacionales tienen representación a gran escala en este país? ¿Por qué tienen éxito las multinacionales allí? Expliquen.

    3. Expliquen qué pasó con la economía mundial a principios del siglo XXI. ¿Qué factores jugaron un papel importante en la caída de las bolsas? ¿Cómo afectó esta crisis a los diversos sectores de la economía (el sector inmobiliario, la producción de automóviles, los hábitos de consumo, entre otros)?

VOCABULARIO

SUSTANTIVOS

el argumento	reason	el/la líder	leader
el/la aspirante	applicant, candidate	la manifestación	demonstration, protest
el candidato	candidate	la moralidad	morality
el consejo de dirección	board of directors	el ordenador	computer
la empresa	company	la plantilla	staff, employees
la entrevista	interview	la prueba de selección	selection process to choose the best candidate
el equipo	team	el puesto	position, job
el formulario	form	el refugio	shelter
el interés ajeno	outside interest	el/la sindicalista	union member
la lealtad	loyalty	el topo	mole

VERBOS

competir	to compete	presentarse a una prueba	to participate as a candidate in a job selection process
confiar en	to trust	rellenar	to fill out
delatar	to denounce, give someone away	reunirse	to get together, meet
despedir	to fire	traicionar	to betray
hacer una votación	to take a vote	valorar	to value
interactuar	to interact		

ADJETIVOS

conjunto/a	joint	humillante	humiliating
demostrable	able to be proven		

Después de ver la película

3. **EL MUNDO DEL TRABAJO.** Une cada definición con la palabra que le corresponda en la columna de la derecha.

1.	Cuestionario que se rellena para que la empresa tenga los datos personales y profesionales de un candidato.	topo
2.	Reunión colectiva por las calles de la ciudad para protestar por una situación injusta.	líder
3.	Persona que defiende los intereses de los trabajadores por encima de los de la empresa.	consejo de dirección
4.	Persona que está en una organización de forma clandestina solo para obtener información.	formulario
5.	Trabajador que dirige a los demás y tiene más responsabilidad que sus compañeros.	sindicalista
6.	Personas que dirigen y toman las decisiones importantes en una empresa.	manifestación

4. **BUSCANDO AL CANDIDATO IDEAL.** Completa el siguiente texto con las palabras de la lista.

aspirantes	conjunta	lealtad	equipo
selección	conocimiento	rellenan	compiten

Cuando una compañía busca a alguien para un puesto importante de dirección, muchos son los que (1)_____ por este trabajo, pero solo un candidato lo conseguirá.

La empresa empieza el proceso de (2)_____ leyendo las hojas de vida o currículum vitae de todos los (3)_____ al puesto. Una buena titulación es imprescindible, pero hay otros factores que se deben considerar.

Primero, es necesario que el candidato sepa trabajar en (4)_____, en colaboración con otros compañeros para conseguir un objetivo común. El (5)_____ de idiomas será una ventaja que podrá abrir puertas en los mercados extranjeros.

Además un buen trabajador debe tener (6)_____ a la empresa, es decir, debe actuar siguiendo siempre los intereses de la compañía.

Finalmente los candidatos (7)_____ el formulario de un test psicotécnico y los finalistas acuden a una entrevista de trabajo, que puede ser individual o (8)_____.

CONTENIDO Y DISCUSIÓN

5. LA EXPERIENCIA DE LOS PERSONAJES. Escriban el número de cada personaje de la película en la casilla que corresponda a su experiencia laboral.

Personaje		Experiencia laboral
1.	Ana	Trabaja de secretaria y ayuda en la decisión de la prueba de selección.
2.	Carlos	De joven trabajaba en Argentina en una empresa estatal.
3.	Enrique	Es economista y ha cursado estudios en el extranjero.
4.	Fernando	Trabaja en un estudio de grabación de música. Tiene un hijo.
5.	Julio	Trabajaba para una empresa de pesticidas. Es abogado y economista.
6.	Montse	Trabaja en una editorial. Busca otro trabajo para tener nuevas experiencias en la vida.
7.	Nieves	Trabaja en una empresa de sonido y ha tomado cursos de electrónica.
8.	Ricardo	Está orgulloso de la disciplina que puede imponer. Es abogado pero no quiere decírselo a los otros candidatos.

De izquierda a derecha: Montse, Enrique, Fernando, Carlos, Ricardo, Nieves, Julio y Ana.

6. **¿QUIÉN LO DIJO?** Las siguientes frases fueron tomadas de la película. Averigua quién las dice y explica el contexto en el que ocurren.

   1. "Lo siento, Ana. Yo he hecho lo mismo que tú: defender lo mío. Lo que he dicho antes no lo pensaba de verdad. Sólo he interpretado un papel para ganar el juego. En serio".

   2. "Tú sabes algo que la empresa no sabe, y debería saber, y no lo quieres contar. No sé, me parece muy extraño tu concepto de lealtad a la empresa".

   3. "Me imagino que tiene que ser el método de reunirnos a todos los candidatos y hacernos interactuar para ver quién destaca. Dinámicas de grupo, le llaman".

   4. "Creo que nos están tomando el pelo. Nos hemos creído que hay un candidato falso porque nos lo han dicho, pero lo que me parece es que los siete somos candidatos reales y que no hay ningún impostor".

   5. "No se discute la moralidad de la decisión que tomó Julio en su momento, lo que se discute es si nosotros lo seleccionaríamos para el puesto en caso de que tuviéramos la responsabilidad de hacerlo".

   6. ¿Alguno de ustedes ha hecho la mili? Bien, entonces yo asumiré la organización y el racionamiento. Os aseguro que se os va a olvidar lo que significa la palabra motín. Dos días de arresto fuera del refugio sin máscara antigás".

7. **COMPRENSIÓN DE LA TRAMA.** Completa las siguientes oraciones con la opción más apropiada.

   1. Ricardo está muy molesto al principio de la entrevista porque _____.
      - a) tiene prisa
      - b) no le gustan las entrevistas
      - c) acaba de ser despedido de su trabajo
      - d) no quiere rellenar el mismo formulario otra vez

2. Enrique sabe mucho sobre las pruebas de selección porque_____.
    a) es psicólogo y es parte de su trabajo
    b) le interesan y lee información sobre ellas en Internet
    c) él inventó el método Grönholm
    d) ha vivido en EE.UU. donde las pruebas son mejores

3. En la entrevista de trabajo hay _____.
    a) siete candidatos y un topo
    b) siete candidatos
    c) seis candidatos y un topo
    d) cinco candidatos y dos topos

4. Los candidatos deciden que _____.
    a) no hay ningún topo
    b) Ricardo es el topo
    c) Enrique es el topo
    d) todos ellos son un poco topos

5. Carlos y Nieves _____.
    a) adoptaron a un niño africano
    b) estuvieron casados
    c) se conocieron en Madrid
    d) hace unos tres años que no se ven

6. Julio _____.
    a) denunció a su empresa
    b) demostró lealtad a su empresa
    c) creó su propia empresa
    d) provocó un desastre ecológico

7. Durante la entrevista Montse _____.
    a) les trae una comida deliciosa a los candidatos
    b) derrama el café sobre Carlos
    c) arregla los ordenadores que no funcionaban bien
    d) es muy amable con los candidatos

8. Enrique le revela a Montse que _____.
    a) Ricardo es argentino y no tiene permiso de trabajo
    b) Ricardo ha mentido en los formularios acerca de su experiencia
    c) Ricardo está en el paro y nunca ha trabajado
    d) Ricardo tiene un pasado sindicalista

9. Fernando intenta golpear a Nieves con la pelota porque _____.
   a) no tiene tantas respuestas correctas como ella
   b) ella y Carlos se burlan de él en otros idiomas
   c) quiere demostrar que ella es débil
   d) Nieves y Carlos son amigos

10. Cuando Fernando queda eliminado _____.
    a) Nieves no tiene ya posibilidades de ser elegida
    b) Carlos tiene asegurado el puesto
    c) Carlos y Nieves tienen 15 minutos para eliminarse entre ellos
    d) el candidato final ya está elegido

8. CONVERSACIÓN Y ANÁLISIS. Respondan a las siguientes preguntas y prepárense para compartir sus ideas con el resto de la clase.

1. Describan la sala donde están reunidos los candidatos. ¿Qué hay? ¿Qué tiene de especial? ¿Cómo saben los candidatos lo que deben hacer? ¿Quién falta?

   _____
   _____
   _____
   _____
   _____

2. En la primera prueba los aspirantes deben averiguar quién es el topo. ¿Cómo intentan encontrar la respuesta? ¿Qué deciden entre ellos? ¿Acertaron?

   _____
   _____
   _____
   _____
   _____

3. Julio es elegido por los demás candidatos como líder del grupo. ¿Qué información revelan las pantallas de ordenador sobre Julio?

_____
_____
_____
_____

4. Los candidatos deben decidir qué hacer con la candidatura de Julio. ¿Qué deciden y por qué? ¿Están todos de acuerdo? ¿Cuáles son los argumentos a favor y en contra?

_____
_____
_____
_____

5. ¿Qué situación se plantea después para decidir a qué otro candidato eliminar?

_____
_____

6. ¿Qué "argumentos demostrables" propone cada persona para garantizar su permanencia?

Enrique: _____
Ricardo: _____
Fernando: _____
Ana: _____
Carlos: _____
Nieves: _____

7. ¿Cómo ataca Carlos a Ana? ¿Qué razones da para demostrar que él es mejor candidato que ella? ¿Por qué cree Ana que los otros candidatos votan por su expulsión?

_____
_____
_____
_____

8. ¿Qué sabe Enrique sobre Ricardo? ¿Cómo lo sabe? ¿Qué hace con esa información?

_____
_____
_____

9. ¿En qué consiste la última prueba entre Carlos, Nieves y Fernando? ¿Qué ventajas tienen Carlos y Nieves?

_____
_____
_____

10. Montse y Ricardo dan dos versiones distintas sobre quién evalúa la prueba y quién va ganando. ¿En qué se diferencian estas dos versiones? ¿Pueden confiar en ellos los candidatos?

_____
_____
_____
_____
_____

9. **PERFIL DEL CANDIDATO IDEAL.** DEKIA tiene un estándar muy alto cuando se trata de buscar a un nuevo empleado. ¿Cuáles de las siguientes características se valoran en DEKIA y cuáles no? ¿Son todas positivas?

Marca con una cruz las características que se valoran en DEKIA:

- ☐ agilidad mental
- ☐ capacidad de dialogar
- ☐ agresividad
- ☐ sentimientos
- ☐ inconformismo
- ☐ humildad
- ☐ insubordinación
- ☐ juventud
- ☐ belleza
- ☐ ética profesional
- ☐ competitividad
- ☐ habilidad para negociar
- ☐ relaciones interpersonales
- ☐ capacidad humana
- ☐ instinto de supervivencia
- ☐ manipulación

¿Qué pruebas demuestran estas habilidades?

_____
_____
_____
_____
_____
_____

PRÁCTICA GRAMATICAL

10. SUBJUNTIVO O INDICATIVO EN ORACIONES IMPERSONALES. Completa las siguientes oraciones con la forma correcta del presente del subjuntivo o del indicativo.

1. Es evidente que la prueba de selección no (es/sea) la que los candidatos habían esperado.
2. Es posible que los candidatos (quedan/queden) eliminados por las respuestas que dan en la prueba.
3. Es impensable que en una entrevista de trabajo no (hay/haya) representante de la empresa.
4. No hay duda de que Montse (sabe/sepa) más sobre el proceso de selección pero no se lo (dice/diga) a los candidatos.
5. Puede ser que el grupo (elimina/elimine) al mejor candidato para el puesto.
6. Es obvio que Fernando (derrama/derrame) el café sobre Carlos intencionadamente.
7. Es necesario que los candidatos (participan/participen) en todas las pruebas.
8. Parece mentira que no (hay/haya) cámaras en el salón.
9. Queda claro que todos (sospechan/sospechen) de los demás porque no saben quién es el topo.
10. Es imprescindible que los candidatos no (mienten/mientan) en las pruebas si no quieren ser eliminados.

11. LOS CANDIDATOS. Usa las expresiones de la lista para responder a los siguientes enunciados. Sigue el modelo.

(No)	Es lógico que Es posible/imposible que Está claro que Es que Es necesario que	Es triste que Hay duda de que Parece + *adj.* + que Es comprensible que Es sorprendente que	Es cierto que Es probable/ improbable que Es indiscutible que Es importante que Es mejor que

Modelo: Los candidatos votan para eliminarse entre sí.
Parece ridículo que los candidatos voten para eliminarse entre sí.

1. No hay ningún candidato cualificado para el trabajo.
   _____

2. El método Grönholm es muy efectivo.
   _____

3. Los candidatos hacen todo lo posible por no ser eliminados en las pruebas.
   _____

4. Todos los candidatos traicionan a los otros miembros del grupo.
   _____

5. Los candidatos no eliminan a los demás, sino que se eliminan a sí mismos por sus propias decisiones, acciones y palabras.
   _____

6. Todos los candidatos quieren esconder alguna información del resto del grupo.
   _____

7. Una entrevista conjunta ofrece la oportunidad de evaluar no sólo a los candidatos sino su habilidad para trabajar en equipo.
   _____

8. Al final, el mejor candidato consigue el trabajo.
   _____

12. ÚLTIMAS IMPRESIONES. Vuelve a ver las últimas escenas de la película y da tu opinión sobre lo ocurrido. Piensa en lo que Montse y Ricardo revelan al final, la idea de la entrevista conjunta, lo que Nieves y Carlos tienen que hacer para conseguir el trabajo y el desenlace de la historia. Utiliza el tiempo presente y las expresiones impersonales para exponer tus ideas.

(No)	Es lógico que Es posible/imposible que Está claro que Es que Es probable/improbable que	Es triste que Hay duda de que Parece + *adj.* + que Es comprensible que Es sorprendente que	Es cierto que Es indiscutible que Es importante que Es mejor que Es necesario que

Modelo: *Es indiscutible que Carlos y Nieves tienen mucha experiencia laboral pero...*

_____

_____

_____

_____

_____

_____

_____

_____

El método | 61

INTERPRETACIÓN Y CREACIÓN

13. DEBATE.

Opción I: El mundo del trabajo. Lean la siguiente afirmación y digan si están de acuerdo o no. Compartan sus opiniones y justifíquenlas con escenas específicas de la película.

> Hoy en día, para conseguir un puesto de responsabilidad en muchas empresas es imprescindible no tener escrúpulos y estar dispuesto a atacar a la competencia.

Opción II: Practicando el método Grönholm. La clase se dividirá en seis grupos y cada grupo representará a uno de los candidatos para el puesto de trabajo de DEKIA.

Identifiquen primero cuáles son los puntos fuertes y los puntos débiles de cada aspirante. Esta información los ayudará a encontrar argumentos para defender a su candidato. Fíjense también en el perfil del candidato ideal de la página 57.

En este debate cada grupo defenderá a su candidato e intentará eliminar al resto de los aspirantes al puesto.

Candidato	Puntos fuertes	Puntos débiles
Ana		
Carlos		
Enrique		
Fernando		
Julio		
Nieves		

14. DRAMATIZACIÓN. En parejas preparen una de las situaciones a continuación y escenifíquenla.

1. **Reencuentro**

   A. Eres Carlos. Tres años después de la entrevista aún sigues trabajando como director financiero de DEKIA. Cuando te encuentras con Nieves, deciden ir juntos a tomar un café para hablar sobre cómo han cambiado sus vidas desde el punto de vista profesional y personal. Inventa los detalles de la conversación.

   B. Eres Nieves. Tu vida ha cambiado radicalmente desde que quedaste eliminada de la prueba y fuiste rechazada por Carlos. Acepta la invitación para tomar un café con Carlos y aprovecha la oportunidad para decirle lo que piensas sobre él y sobre cómo actuó el día de la prueba de selección. Da detalles sobre tu vida nueva, tanto personal como profesional.

2. **Lo que no vieron las cámaras**

   A. Eres Enrique. Durante las pruebas Ricardo te confiesa su pasado sindicalista. Como Ricardo se sincera contigo, tú crees que puedes confiar en él y le cuentas un secreto de tu pasado. Explica el secreto con detalles y expresa tu temor de que la información llegue a oídos de DEKIA.

   B. Eres Ricardo. Después de contarle tu secreto a Enrique, escucha la información que te va a dar sobre un secreto que él también ha guardado. Hazle preguntas para conseguir todos los detalles posibles. Después decide qué es lo que vas a hacer con esta información y comunícaselo a Enrique.

3. **Un final inesperado (grupo de 4 personas)**

   A. Ustedes son Carlos y Nieves. Después de enterarse de que Montse y Ricardo están "jugando con ustedes" deciden enfrentarse a ellos y les informan de que ninguno de los dos piensa seguir con la entrevista. Defiendan su decisión y acusen a la empresa de manipular a la gente.

   B. Ustedes son Montse y Ricardo. Ante las críticas de Carlos y Nieves, insistan en continuar con el proceso y no acepten que los dos dejen la prueba a estas alturas. Deben defender la metodología Grönholm porque prepara a los candidatos para el mundo real. Además, intenten convencerlos de que no se vayan porque son los candidatos ideales.

15. **TEMAS DE ESCRITURA.** Escribe un breve ensayo basándote en uno de los siguientes temas.

   1. **Lealtad a la empresa.** Julio se convirtió en héroe al salvar el río Duero de una catástrofe ecológica, pero también traicionó a su empresa. ¿Crees tú que se deben anteponer los intereses ajenos a los de la empresa? Escribe un artículo periodístico de opinión en el que analices las acciones de Julio y explica si te parece bien o no lo que hizo.

   2. **El mejor candidato.** Tú eres el director de la empresa DEKIA. Decide a quién le vas a ofrecer el trabajo y escribe un breve informe dando todos los detalles posibles para justificar tu selección.

   3. **El método Grönholm.** Explica en qué consiste el método, cómo se evalúa a los candidatos y determina si es (o no) eficaz. Enumera cuáles son los requisitos que busca la empresa y cómo se ponen a prueba. ¿Funciona este método? ¿Debería aplicarse en las empresas reales?

   4. **Representación por países.** En una de las pruebas de la película cada uno de los candidatos representaba a un país. Escoge un país y escribe un artículo sobre cuáles son los principales aportes de ese país a la humanidad, qué descubrimientos importantes o invenciones se originaron allí, por qué es famoso ese país y otros detalles importantes.

Capítulo 5

RESUMEN DE LA PELÍCULA

Azúcar amarga nos ofrece una visión de las dificultades que experimenta la sociedad cubana de los años 80 bajo el régimen de Fidel Castro. En ella podemos observar los conflictos ideológicos que surgen entre la población a través de las experiencias de dos jóvenes, Gustavo y Bobby. Aunque son hermanos tienen actitudes muy diferentes hacia la realidad cubana. Mientras Gustavo se identifica con la política del régimen y hace todo lo posible por defenderlo, otros como Bobby se niegan a conformarse con la vida que les ha tocado vivir. Pero en realidad, ¿quién es el verdadero revolucionario?

PREPARACIÓN

Antes de ver la película

1. **PARA EMPEZAR.** Comenta las siguientes preguntas con tus compañeros y comparte las respuestas de tu grupo con la clase.

    1. ¿Conoces Cuba? ¿Qué sabes de este país? ¿Cómo imaginas la vida de los cubanos? ¿En qué te basas?
    2. ¿Te gustaría ir a Cuba algún día para estudiar, trabajar o vivir una temporada? ¿Por qué? ¿Crees que el turismo es importante para la economía de la isla? ¿Qué restricciones se les imponen a los turistas estadounidenses?
    3. ¿Conoces a algún famoso cubano o cubano-americano? ¿Dónde vive? ¿A qué se dedica?
    4. Si tuvieras que emigrar a otro país, ¿qué extrañarías? ¿Qué sería lo más duro de dejar atrás? Haz una lista por orden de importancia.

2. **TEMAS DE INVESTIGACIÓN.** Busquen información en libros, en periódicos o en Internet sobre algunos de los siguientes temas. Prepárense para presentar la información en clase.

    1. **La Revolución cubana.** Busquen información sobre los principios de la Revolución cubana, los ideales y las metas. ¿Cómo fue posible que un pequeño grupo de revolucionarios venciera al ejército nacional de Batista? ¿Qué hizo Castro para conseguir el apoyo de la gente?
    2. **La dictadura de Fidel Castro.** Comparen y contrasten la realidad de la vida cubana bajo el régimen de Castro con lo que se había prometido conseguir con la Revolución.
    3. **La política exterior de Castro.** Analicen la influencia de la Unión Soviética y los Estados Unidos en el desarrollo económico y político de Cuba durante la segunda mitad del siglo XX.
    4. **Los balseros.** ¿Quiénes son los balseros? ¿Cuál es la política estadounidense al encontrarse con balseros en sus costas? ¿Cuáles son los peligros a los que se enfrentan los balseros en esta travesía? Busquen noticias recientes sobre este tema.
    5. **Los cubano-americanos.** ¿En qué zonas de EE.UU. se agrupa el mayor número de inmigrantes de origen cubano? ¿Qué influencia tienen estas comunidades en la sociedad americana?

VOCABULARIO

SUSTANTIVOS			
el aprendizaje	learning	la lealtad	loyalty
la balsa	raft	el lío	mess/problem
la beca	grant	la moneda/divisa	currency
la carrera	degree, career	la patria	homeland
el compañero	comrade/classmate	el permiso	permit
la cuarentena	quarantine	el preso	prisoner
el derecho	right	la propina	tip
la exposición	exhibition	el/la psiquiatra	psychiatrist
el extranjero	foreign	el sacrificio	sacrifice
el/la huésped	guest	el SIDA	AIDS
la injusticia	injustice	las sobras	leftovers
el intercambio	exchange	el traidor	traitor
el/la inversionista	investor	el viejo/la vieja (viejito/ita)	father/mother (*colloquial*)

VERBOS			
aguantar	to endure/to put up with	hacer falta	to be necessary/to need
botar	to fire (*from a job*)	invertir	to invest
engañar	to deceive	permitir	to allow
hacer cola	to wait in line	portarse	to behave

ADJETIVOS			
aeronáutica	aeronautical	restringido/a	restricted

3. **EQUIVALENCIAS.** Asocia cada expresión de la columna izquierda con su equivalente en la columna de la derecha.

1. ____ portarse
2. ____ engañar
3. ____ inversionista
4. ____ lío
5. ____ hacer falta
6. ____ botar
7. ____ lealtad
8. ____ preso

a. capitalista
b. ser necesario
c. despedir
d. fidelidad
e. actuar
f. problema
g. prisionero
h. mentir

4. **LA REALIDAD CUBANA.** Completa el siguiente texto con las palabras de la lista.

propinas	futuro	oposición
inversionista	beca	presos
aprendizaje	restringidas	lío
extranjeros	cola	botar

Después de muchos años de (1)_____ en la escuela Lenin, Gustavo siente que no tiene (2)_____ en Cuba. Por eso, se pone muy contento cuando recibe una (3)_____ para estudiar en Praga.

El (4)_____ italiano, Claudio, es una persona importante en la isla, porque es propietario de varias tiendas en hoteles. Mientras que los turistas (5)_____ pueden disfrutar de Cuba en su totalidad, hay zonas que están (6)_____ para los propios cubanos.

Es posible que los turistas nunca vean la verdadera Cuba, en la que hay que hacer (7)_____ para todo, incluso para conseguir alimentos básicos. El país abre sus puertas a los turistas, aceptando las (8)_____ en dólares y otras divisas, ocultando a los (9)_____ en sus cárceles y prohibiendo cualquier tipo de (10)_____ al sistema político.

5. **LA PATRIA.** Escoge la palabra que mejor completa la frase.

   1. La persona que ataca a su patria o se alía con el enemigo es un _____.
      a) traidor   b) revolucionario   c) preso

   2. Muchos cubanos anticastristas salen para Florida en una _____.
      a) aeronáutica   b) balsa   c) cola

   3. Soportar una mala situación sin quejarse es lo mismo que _____.
      a) justificarla   b) botarla   c) aguantarla

   4. Mucha gente no se va del país por la fuerte conexión que tiene con su _____.
      a) cuarentena   b) patria   c) beca

   5. A veces las apariencias _____. Las cosas no son como parecen.
      a) invierten   b) hacen falta   c) engañan

   6. La _____ es el dinero que se da a alguien por haber prestado un buen servicio.
      a) balsa   b) propina   c) divisa

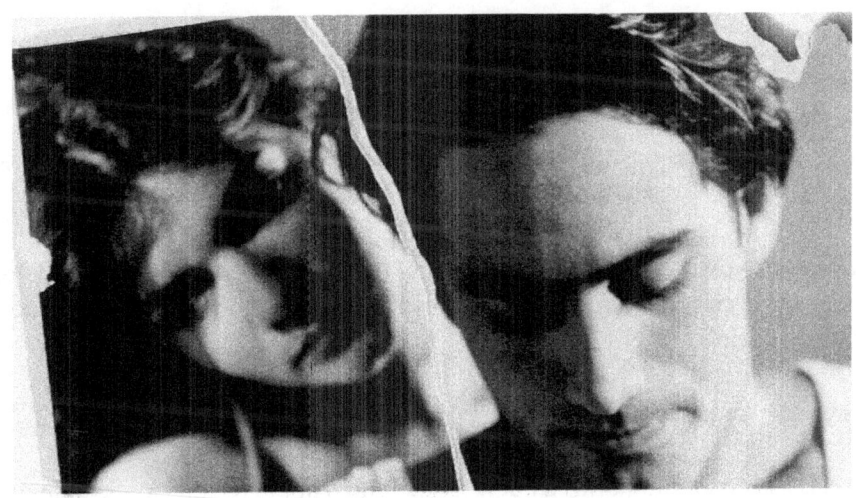

CONTENIDO Y DISCUSIÓN

6. **LOS PERSONAJES.** En grupos, comparen y contrasten a los personajes principales de la película. ¿En qué se diferencian? ¿Qué tienen en común? Luego, compartan la información con el resto de la clase.

Personajes	Apariencia física, profesión, descripción general	Ideología política	Escenas o acciones que ejemplifican su ideología
Gustavo			
Bobby			
Tomás (el padre)			
Yolanda			

7. **¿QUIÉN LO DIJO?** Las siguientes frases fueron tomadas de la película. Averigua quién las dice y explica el contexto en el que ocurren.

   1. "¿Acaso tú te piensas que tu amiguito Fidel Castro tiene una libreta de abastecimiento?, ¿o que hace cola? Pues déjame decirte una cosa: es muy difícil tener ideales con el estómago vacío".

   2. "¿Tú te quieres casar? Pero hijo, ¿con qué? Si tú ni siquiera tienes trabajo".

   3. "Gracias a los extraordinarios esfuerzos realizados por la Revolución, el pueblo apenas ha podido percibir verdaderos problemas".

   4. "Hemos logrado confeccionar este *cake*, que más que un *cake* es un monumento al socialismo".

5. "Lo último que esta revolución necesita es que todo el mundo empiece a rajarse y se convierta en una cosa que no son".

6. "Yo veo un poquito más allá de esta crisis por la que estamos pasando. No te olvides cómo estaba este país antes: la ignorancia, el hambre, la injusticia. Las cosas están un poquito mejor después de que llegó Fidel. Aunque a ti no te guste, lo están".

7. "Estoy tomando el socialismo demasiado en serio".

8. "Nunca me fui porque yo creí en esta revolución".

8. **COMPRENSIÓN DE LA TRAMA.** Completa las siguientes oraciones con la opción más apropiada.

   1. Gustavo va a viajar a Praga _____.
      a. con una beca de estudios
      b. para hacer turismo
      c. para trabajar en una empresa
      d. con su novia

   2. Bobby y sus amigos _____.
      a. consiguen un permiso para tocar en el concierto
      b. cantan canciones tradicionales cubanas
      c. utilizan la música como forma de protesta
      d. no expresan su oposición al régimen

   3. Gustavo y Yolanda no pueden estar en el hotel de la playa _____.
      a. porque no tienen dinero
      b. porque son extranjeros
      c. porque son cubanos
      d. porque no van bien vestidos

   4. La madre de Gustavo _____.
      a. está en la cárcel por su ideología política
      b. nunca tuvo dudas sobre la Revolución
      c. está muerta
      d. emigró a Miami

5. El padre de Gustavo cambia de trabajo _____.
   a. porque lo botaron de su antiguo trabajo
   b. porque quiere ser pianista profesional
   c. porque no tiene pacientes
   d. porque puede ganar más dinero de pianista

6. En el interrogatorio, _____.
   a. el policía quiere saber si Bobby conoce a músicos famosos
   b. Bobby confiesa que es partidario de la Revolución
   c. Bobby se ríe del policía
   d. Bobby coopera con el policía

7. Yolanda no se queja de/del _____.
   a. hacer cola para todo
   b. la falta de libertad de expresión en Cuba
   c. la corrupción política
   d. dinero que traen los turistas a Cuba

8. Claudio, el italiano, _____.
   a. le hace regalos a Yolanda
   b. no tiene dinero y se lo pide a Yolanda
   c. es soltero y busca novia en Cuba
   d. es el verdadero amor de Yolanda

9. A Tomás lo botan del trabajo porque _____.
   a. su hijo Gustavo se come las sobras del hotel
   b. su hijo tiene SIDA
   c. no toca bien el piano
   d. su hijo le pega a un inversionista extranjero en el hotel

10. Al final de la película Gustavo _____.
    a. quiere irse con Yolanda a EE.UU.
    b. se siente decepcionado con la Revolución
    c. necesita salir como sea posible de Cuba
    d. viaja a Praga con la beca

9. **CONVERSACIÓN Y ANÁLISIS.** Respondan a las siguientes preguntas y prepárense para compartir sus ideas con el resto de la clase.

   1. Describan el concierto al principio de la película. ¿Quiénes están allí? ¿Qué hacen? ¿Por qué llega la policía? ¿Cómo reaccionan los que están presentes? ¿Por qué creen ustedes que reaccionan de esa manera?

      _____
      _____
      _____

   2. Aunque Bobby y Gustavo son de la misma familia, son muy distintos. Bobby dice que él es un verdadero revolucionario. ¿Ustedes están de acuerdo? ¿Es como otros revolucionarios famosos de la historia cubana?

      _____
      _____
      _____
      _____

   3. No todo el mundo está de acuerdo con el régimen castrista. Según los personajes que se oponen al sistema político, ¿cuáles son los problemas principales que experimentan los cubanos bajo Castro? ¿Cómo responden o reaccionan frente a estos problemas?

      _____
      _____
      _____

   4. ¿Qué papel tiene la policía en la película? ¿En qué momentos se ve? ¿Qué hace? Expliquen por qué la población tiene miedo de la policía.

      _____
      _____
      _____

5. ¿Por qué sale Yolanda con Claudio? ¿Cómo se conocieron? ¿Creen ustedes que está enamorada de él?

6. ¿Cómo reacciona Gustavo cuando se entera de que Claudio le ha dado varios regalos a su novia? ¿Y cuando los ve en el restaurante del hotel? ¿Qué consecuencias tienen sus acciones?

7. Es evidente que aunque muchos, como el Dr. García, ya no creen en la Revolución, no se van del país. ¿Por qué creen ustedes que se quedan? ¿En qué consiste *jugar el juego*?

8. Hay varios motivos por los cuales la gente decide prostituirse. ¿Creen que hay una diferencia entre lo que hace Soraya y lo que hace Yolanda? ¿Se pueden justificar sus acciones?

9. El padre de Gustavo dice que la Revolución está en venta. ¿Qué quiere decir? ¿A qué se refiere? Expliquen.

_____
_____
_____

10. ¿Por qué creen que Gustavo no se va con Yolanda al final de la película? Expliquen qué sucedió al final de la película y cuáles fueron los motivos de Gustavo para hacerlo.

_____
_____
_____
_____
_____

PRÁCTICA GRAMATICAL

10. **ORACIONES CONDICIONALES.** Completa las siguientes oraciones con el presente o el futuro de los verbos entre paréntesis.

    1. Si Gustavo _____ a Praga (irse), seguramente aprenderá a hablar en checo.
    2. Si Yolanda consigue llegar a EE.UU. _____ (poder) comprar muchos productos que no hay en Cuba.
    3. Si Bobby muere por sus ideales, _____ (ser) un ejemplo para otros jóvenes contrarrevolucionarios.
    4. Si el padre de Gustavo sigue tocando el piano, _____ (tener) más dinero que con su trabajo de psiquiatra.
    5. Si Yolanda _____ (establecerse) en EE.UU., nunca regresará a Cuba.

11. **¿QUÉ PASARÍA?** Completa las siguientes oraciones con el imperfecto del subjuntivo o el condicional de los verbos entre paréntesis.

    1. Si Fidel muriera, muchos cubanos de Miami lo _____ (*celebrar*).
    2. Si Cuba _____ (*adoptar*) un modelo capitalista, podría ser más competitiva en el mercado internacional.
    3. Si los cubanos tuvieran libertad para salir de su país, no _____ (*tener*) que jugarse la vida en las balsas.
    4. Si EE.UU. _____ (*colaborar*) con el gobierno cubano, los dos países podrían beneficiarse.
    5. Si no _____ (*existir*) el embargo económico, los estadounidenses podrían disfrutar de los maravillosos puros habanos.

12. **SITUACIONES HIPOTÉTICAS.** ¿Qué pasaría en las siguientes situaciones? Completa las frases con tus opiniones.

    Modelo: Si la madre de Gustavo viviera...
    Si la madre de Gustavo viviera, a ella no le gustaría verlo enamorarse de una chica como Yolanda.

    1. Si Gustavo viajara a EE.UU. con Yolanda...
    2. Yolanda no saldría con Claudio si...
    3. Si Bobby pudiera contar su historia a los periódicos...
    4. Tomás no trabajaría como pianista si...
    5. Gustavo sería más feliz si...

INTERPRETACIÓN Y CREACIÓN

13. DEBATE. Lean las siguientes opiniones y justifíquenlas con ejemplos de la película y de la vida real. Lean las oraciones del grupo contrario y prepárense para defender su postura. Busquen argumentos que anulen las opiniones del otro grupo.

Grupo A: ustedes están en contra del sistema socialista cubano.
Grupo B: ustedes están a favor del sistema socialista cubano.

GRUPO A

- Los cubanos no son felices porque les faltan muchos bienes materiales.
- La falta de acceso al Internet y a noticias del exterior es un problema grave que no debería existir en ningún país civilizado.
- Ningún gobierno le puede dar más importancia a su ideología que a las necesidades básicas de su pueblo.
- Todo ciudadano tiene el derecho universal de oponerse y criticar al gobierno abiertamente.

GRUPO B

- Si realmente amas a tu patria no la abandonas cuando hay dificultades.
- La situación cubana de pobreza y falta de bienes hace que exista una sociedad mucho más unida y solidaria.
- Si todos los cubanos estuvieran de acuerdo con los ideales de la Revolución, se viviría mucho mejor allí que en los países más desarrollados.
- El sistema político cubano es más justo que el sistema capitalista, simplemente es difícil ponerlo en práctica.

14. DRAMATIZACIÓN. En parejas preparen una de las situaciones a continuación y escenifíquenla.

1. **Yolanda en Telemundo**

   A. Eres Yolanda. La cadena de televisión Telemundo te invita a Miami para participar en un programa sobre la emigración cubana. Responde a las preguntas que te haga la presentadora y describe la situación en Cuba y tus razones para emigrar.

   B. Eres un presentador/una presentadora del programa *Casos históricos–vidas reales* de Telemundo. Pregúntale a Yolanda sobre su experiencia en Cuba y cómo ha cambiado su vida en EE.UU. Discute con ella sobre qué es lo mejor para Cuba. Explícale que abandonar su país no ayuda a Cuba a superar sus problemas.

2. **El atentado**

   A. Eres Gustavo. Justo antes del discurso de Fidel Castro te encuentras con el profesor García en la plaza. Explícale cómo tus ideas están cambiando y las razones por las que te sientes frustrado con la Revolución. Cuéntale que después de todo lo que ha pasado estás dispuesto a hacer cualquier cosa.

   B. Eres el profesor García. De camino al discurso de Fidel, te encuentras con tu antiguo alumno Gustavo. Lo ves un poco agitado y le preguntas qué le pasa. Dale consejos para ayudarlo a solucionar su situación y calmarlo. Explícale qué tiene que hacer para sobrevivir en Cuba.

3. **Entre hombres**

   A. Eres Gustavo y estás furioso después de enterarte de que tu novia te engaña con otro hombre. Por eso, decides confrontar a Claudio: dile qué opinas de su relación con Yolanda y explícale tu oposición a lo que hacen los extranjeros en Cuba.

   B. Eres Claudio. Gustavo ha venido a verte para discutir tu relación con Yolanda. Debes defender tu amor por Yolanda y explicar lo que tú puedes ofrecerle a ella que un cubano no puede ofrecerle. Justifica la presencia extranjera en Cuba y lo que aportan los turistas e inversionistas al país.

15. TEMAS DE ESCRITURA. Escribe un breve ensayo basándote en uno de los siguientes temas.

1. **Una carta de despedida**

   Antes de su muerte, Gustavo le escribe una carta a Fidel Castro para expresar su descontento con el régimen. Redacta la carta de Gustavo explicando por qué ya no es fiel a la causa revolucionaria y los motivos por los cuales ha decidido intentar asesinar al Máximo Líder.

2. **La hipocresía del régimen**

   Escribe un ensayo en el que comentes y analices la hipocresía del régimen de Castro. Busca ejemplos de las contradicciones entre lo que hace el gobierno y su ideología. Debes ofrecer una interpretación de por qué la gente no se levanta contra las injusticias impuestas por el gobierno.

3. **Una noticia en el periódico**

   Trabajas como columnista en un periódico cubano. Teniendo en cuenta la censura a que está sometida la prensa en este país escribe un artículo periodístico que trate sobre la muerte de Gustavo. Tu artículo debe servir como propaganda para el régimen de Fidel Castro. Debes incluir los hechos y algunos detalles sobre la vida personal y familiar de Gustavo.

Capítulo 6

RESUMEN DE LA PELÍCULA

Julia, una mujer atrapada en una vida mediocre, en una relación patética, con un trabajo que no le entusiasma, tiene un golpe de suerte que cambiará su vida para siempre. Para tener éxito deberá reinventar su vida y hacerle frente a una comunidad de vecinos que no están dispuestos a permitir que se salga con la suya.
Cuando nadie tiene intención de ceder, los engaños, amenazas y agresiones se convertirán en una lucha a muerte.

PREPARACIÓN

1. **PARA EMPEZAR.** Comenta las siguientes preguntas con tus compañeros y comparte las respuestas de tu grupo con la clase.

    1. En una comunidad de vecinos, ¿qué tipo de decisiones se toman entre todos? ¿Qué gastos son comunitarios?

    2. Para ti, ¿qué ventajas o desventajas tiene vivir en un apartamento rodeado de varios vecinos? ¿Qué aspectos positivos o negativos se derivan de la convivencia con otras personas? ¿Qué tipo de conflictos pueden resultar de esta convivencia?

    3. Describe tu vivienda ideal. ¿En dónde se encontraría? ¿Qué aspectos serían importantes para ti al buscar un lugar donde vivir?

    4. Compara el estilo de vida de una gran ciudad con el de la vida en el campo. ¿Cuál de las dos opciones prefieres tú? ¿Por qué?

    5. Para ti, ¿qué es la avaricia? ¿Crees que es una condición innata del ser humano? ¿Qué serías capaz de hacer por un millón de dólares?

2. **TEMAS DE INVESTIGACIÓN.** Busquen información en libros, en periódicos o en Internet sobre algunos de los siguientes temas. Prepárense para presentar la información en clase.

    1. **Álex de la Iglesia.** Busquen información sobre este director español. ¿Qué tipo de películas ha dirigido? ¿Cómo es su estilo cinematográfico? ¿Qué o quiénes han influido en su carrera?

    2. **Las quinielas.** Investiguen el fenómeno de las quinielas de fútbol en España. ¿Cómo se juegan? ¿Qué significan 1, X y 2? ¿En qué año se comenzaron a jugar a las quinielas? ¿Son populares? ¿Existe un sistema de apuestas deportivas en su país? Expliquen cómo funciona.

    3. **Madrid.** Busquen información sobre Madrid, su ubicación geográfica, su población, su historia, lugares turísticos y otras atracciones. ¿Cómo son la mayoría de las viviendas en el centro de Madrid? Busquen imágenes para apoyar sus datos.

VOCABULARIO

SUSTANTIVOS

el administrador	manager	la maleta	suitcase
la (agencia) inmobiliaria	real estate agency	el metro	subway
el ascensor	elevator	el mueble	furniture
la avaricia	greed	la norma	rule
la azotea	rooftop	el olor	smell
el bien común	common good	la paliza	beating
el bombero	fireman	el piso	apartment, house
el contrato	contract	la quiniela	ticket to bet on sports results
el crucigrama	crossword	la solidaridad	solidarity
la equis	the letter X (used to indicate a tie in a soccer match)	el vecindario	neighborhood, the residents of a building
el gorila (en un club)	bouncer	el vecino	neighbor
el golpe de suerte	stroke of luck		

VERBOS

dar asco	to be revolting, disgusting	meter la pata	to make a mistake, to put your foot in your mouth
decepcionar	to disappoint	meterse en un lío	to get into trouble or a bad situation
disparar	to shoot	tocar la quiniela	to win in a sports pool
echar a alguien del trabajo	to fire someone	vigilar	to watch, to guard
firmar	to sign		

ADJETIVOS

borde	rude	pesado/a	annoying (said of a person)
equipado/a	furnished, equipped	insoportable	unbearable
culpable	guilty		

Después de ver la película

3. **ENLACES.** Une cada palabra de la columna de la izquierda con la definición o sinónimo correspondiente en la columna de la derecha.

1. ___ culpable
2. ___ dar asco
3. ___ bombero
4. ___ crucigrama
5. ___ meter la pata
6. ___ avaricia
7. ___ maleta
8. ___ azotea
9. ___ vigilar
10. ___ disparar

a. producir repugnancia
b. observar cuidadosamente
c. tipo de equipaje
d. responsable de una mala acción
e. utilizar una pistola u otra arma
f. entretenimiento que consiste en rellenar un casillero con palabras que se entrecruzan
g. persona encargada de extinguir incendios
h. codicia
i. equivocarse
j. terraza encima de un edificio

4. **BUSCANDO PISO.** Completa el siguiente texto con las palabras de la lista.

administrador	inmobiliaria	equipados	normas
metro	borde	azotea	ascensor
muebles	vecinos	culpable	firmar

Comprarse un piso en Madrid no es tarea fácil. Antes de decidirse a (1)_____ un contrato hay que pensárselo mucho. Es recomendable buscar una (2)_____ que le ayude a encontrar el apartamento perfecto para sus necesidades. Un buen agente le enseñará pisos céntricos con acceso al (3)_____ u otros medios de transporte público. Es todavía común hallar pisos amueblados, es decir, que contienen (4)_____ y que están perfectamente (5)_____ con todos los aparatos necesarios para mudarse a vivir inmediatamente.

Un buen comprador no sólo mira el estado del piso, sino que también comprobará quiénes son los (6)_____ con los que va a compartir el edificio, si son personas mayores, jóvenes o si tienen animales domésticos. Es normal hablar con el (7)_____ antes de tomar una decisión final, ya que esta persona le puede informar sobre los gastos comunitarios (como la calefacción o el mantenimiento del (8)_____) y sobre las (9)_____ que todos los que viven en el edificio deben respetar. A veces, todos los vecinos tienen acceso a la (10)_____ del edificio, desde donde se pueden apreciar vistas de Madrid.

CONTENIDO Y DISCUSIÓN

5. **RELACIONES TORMENTOSAS.** En grupos, escojan una de las tres opciones a continuación y respondan a las preguntas. Luego, compartan la información con el resto de la clase.

   Opción 1: Julia y Ricardo
   Describan la personalidad de Julia y de Ricardo. ¿Qué tensiones hay en su relación? ¿Por qué cuestiones discuten? ¿Les parece que forman una buena pareja? ¿Son compatibles? Expliquen.

   Opción 2: Charly y su madre
   ¿Cómo describirían el carácter y el comportamiento de Charly? ¿Cómo lo trata su madre? ¿Con qué adjetivos se podría describir a su madre? ¿Es normal esta relación entre un joven adulto y su madre? ¿Qué secretos guarda Charly?

   Opción 3: Julia y Oswaldo
   ¿De qué manera se diferencia Oswaldo de los demás vecinos? ¿Cómo intenta conquistar a Julia? ¿Cuál es la actitud de Julia frente a las atenciones de Oswaldo? ¿Qué quiere conseguir de esta relación cada uno de ellos?

6. **¿QUIÉN LO DIJO?** Las siguientes frases fueron tomadas de la película. Averigua quién las dice y explica el contexto en el que ocurren.

   1. —¿Dónde está su marido?
      —En la cama, agotado. Las mudanzas ya sabe usted lo que son.
      —Pues no, no tengo ni idea. Nací en esta casa y en esta casa pienso morir. Aunque la verdad no les he visto traer muchas cosas.

   2. "Esto es algo que ha ocurrido y ya está. Hay que tomarlo con naturalidad. No voy a perder el control por esto. Soy multimillonaria, nada más. [...] ¿Me va a afectar esto a estas alturas de mi vida? No, sigo siendo la misma. Millonaria, pero la misma".

   3. "No tengo nada. Me han pegado, me han humillado. Me siento ridículo, así que prefiero no imaginarme nada".

   4. "No sabes hasta qué punto acabas de meter la pata".

5. "¿Qué piensa, que va a poder salir de aquí como si nada? Están abajo esperando, le quitarán la maleta y nos matarán".

6. "Yo no voy a dejar que te hagan daño. Ábreme, mi amor".

7. **COMPRENSIÓN DE LA TRAMA.** Completa las siguientes oraciones con la opción más apropiada.

   1. El piso que Julia quiere vender al principio de la película_____.
      a. está bien equipado
      b. tiene garaje
      c. está en las afueras de Madrid
      d. no tiene acceso a parques o zonas verdes

   2. Ricardo, la pareja de Julia, _____.
      a. es dueño de un videoclub
      b. trabaja como gorila en un club
      c. tiene dos trabajos
      d. gana más dinero que ella

   3. El ingeniero que vivía en el piso antes que Julia _____.
      a. mató al viejo
      b. era muy querido por los vecinos
      c. era una persona muy rara
      d. desapareció

   4. El viejo tenía 300 millones de pesetas _____.
      a. que robó de un banco
      b. que ganó en la quiniela
      c. que guardaba para todos los vecinos
      d. porque trabajó mucho toda su vida

   5. Oswaldo, el profesor de baile cubano, _____.
      a. engaña a Julia
      b. se enamora de Julia
      c. quiere proteger a Julia
      d. tiene buenas intenciones con Julia

6. La comunidad organiza una fiesta _____.
    a. para darle la bienvenida a Julia
    b. para que Julia conozca a todos los vecinos
    c. para distraer a Julia
    d. para celebrar la muerte del viejo

7. Los policías que llegan al edificio _____.
    a. ayudan a Julia a salir a la calle
    b. quieren llevar a Julia a la comisaría para interrogarla
    c. arrestan a Emilio, el administrador
    d. creen que los vecinos quieren matar a Julia

8. Los vecinos _____.
    a. son capaces de matar por el dinero
    b. piensan invertir el dinero en el edificio
    c. no necesitaban vigilar constantemente al viejo
    d. confían en que Julia reparta el dinero entre todos

9. Charly _____.
    a. planeaba quitarle todo el dinero al viejo
    b. intentaba robarle el dinero a Julia y hacerse rico
    c. engañó a los vecinos para ayudar a Julia
    d. sólo sabía obedecer a su madre

10. Ramona _____.
    a. es responsable de la muerte de Oswaldo
    b. cree que Julia es buena persona
    c. le dispara a Castro en la azotea
    d. no está interesada en la maleta con el dinero

8. **CONVERSACIÓN Y ANÁLISIS.** Respondan a las siguientes preguntas y prepárense para compartir sus ideas con el resto de la clase.

   1. Describan el edificio como único escenario de la película. ¿Dónde está? ¿Cómo es y en qué condiciones está? Comparen el piso del ingeniero con el resto del edificio. ¿Qué revela esto sobre los residentes?

      _____
      _____
      _____

   2. ¿En qué consiste el trabajo de Julia? ¿Parece profesional? ¿Qué ejemplos de su comportamiento demuestran su profesionalidad o falta de profesionalidad?

      _____
      _____
      _____

   3. ¿En qué condiciones está el piso de arriba? Descríbanlo y expliquen cómo ha llegado a tal estado. ¿Cómo se descubrió que había un problema en ese piso?

      _____
      _____
      _____

   4. ¿Cuál es la reacción de los vecinos al enterarse de la trágica noticia?

      _____
      _____

   5. ¿Qué encontró Julia en la cartera del difunto? ¿Qué información tenía?

      _____
      _____

La comunidad | 89

6. ¿Creen ustedes que el dinero afecta a Julia? ¿Cómo cambia el comportamiento de Julia con este golpe de suerte?

_____
_____
_____
_____

7. ¿Cómo justifican los vecinos la muerte de Domínguez? ¿Qué creen ustedes que sucedió en realidad?

_____
_____

8. ¿Qué ocurre cuando llega la policía? ¿Qué historia inventa Julia para que la ayuden?

_____
_____
_____
_____

9. ¿De qué maneras intenta Emilio que Julia no salga del edificio? ¿Cómo lo consigue?

_____
_____
_____

10. ¿Qué pasó cuando Emilio por fin confrontó a Julia? ¿Cómo pudo escapar Julia del edificio?

_____
_____
_____
_____

PRÁCTICA GRAMATICAL

9. EL SUBJUNTIVO EN ORACIONES SUSTANTIVAS. Completa las siguientes frases con la forma correcta de los verbos entre paréntesis (subjuntivo o infinitivo).

1. Julia quiere que Ricardo _____ (encontrar) un trabajo mejor.
2. Ricardo no quiere que Julia _____ (pasar) la noche en el piso de la agencia.
3. Julia desea _____ (vivir) en un piso como el que debe vender.
4. Toda la comunidad espera que el viejo _____ (morirse).
5. Para hacer bien su trabajo, los bomberos necesitan que los vecinos _____ (salir) del edificio.
6. Julia prefiere que los clientes no _____ (comprar) el piso que ella enseña.
7. Domínguez quiere _____ (encontrar) el dinero cuando entra en el piso.
8. Oswaldo desea que Julia _____ (confiar) en él y que le _____ (entregar) el dinero.
9. Julia espera que los policías la _____ (proteger).
10. Ojalá que Charly _____ (ayudar) a Julia a escapar de sus vecinos.

10. INDICATIVO O SUBJUNTIVO. Forma oraciones compuestas con los siguientes elementos. Decide si los verbos deben ir en presente del indicativo o presente del subjuntivo según expresen o no duda o negación.

Modelo: Oswaldo / no pensar / Julia / ir a rechazarlo
Oswaldo no piensa que Julia vaya a rechazarlo.

1. Julia / dudar / Oswaldo / tener / buenas intenciones
   _____

2. Emilio / no creer / Julia / ser muy lista
   _____

4. Al principio / Julia / creer / el piso del ingeniero / ser ideal
   _____

5. Charly / no dudar / Julia / poder ser su aliada
   _____

6. Julia / estar segura / los vecinos / querer matarla
   _____

7. Ramona / estar convencida / Julia / comportarse igual que los vecinos
   _____

11. **SENTIMIENTOS.** Basándote en la película, completa las siguientes oraciones de forma original usando el presente del subjuntivo en la cláusula dependiente. Recuerda que las expresiones de emoción y reacción van en subjuntivo.

    1. A los vecinos les molesta que
       _____

    2. A Julia le preocupa que
       _____

    3. Emilio odia que
       _____

    4. A Ricardo no le gusta que
       _____

    5. A mí me parece (triste, horrible, genial, fantástico) que
       _____

INTERPRETACIÓN Y CREACIÓN

12. DEBATE.

Opción I: El bien común
Lean las siguientes oraciones y digan si están de acuerdo o no están de acuerdo con ellas. Compartan sus opiniones y justifíquenlas con escenas específicas de la película.

- Julia es más avariciosa que el resto de la comunidad porque no está dispuesta a compartir el dinero con ellos.

- El plan de los vecinos es comprensible y realmente no hacen nada malo al querer llevarse el dinero.

- La comunidad de vecinos no es perfecta, pero es un gran ejemplo de convivencia, solidaridad y respeto.

- El dinero debería repartirse, pero no a partes iguales.

Opción II: El dinero no da la felicidad
En grupos, discutan las siguientes preguntas y compartan sus opiniones con la clase.

¿Creen que el dinero es imprescindible para ser feliz? En su opinión, ¿cuál es el factor que más contribuye a la felicidad: la salud, el dinero o el amor?

Cada miembro del grupo debe escoger un factor diferente y entre todos deben decidir cuál es el más relevante para conseguir la felicidad y por qué.

Opción III: El culto al dinero
En grupos, discutan las siguientes preguntas y compartan sus opiniones con la clase.

Comenten la influencia del dinero en todos los aspectos de nuestras vidas. ¿Qué mensaje recibimos a través de los medios de comunicación y la publicidad? ¿Creen que este culto al dinero es un fenómeno positivo? ¿Qué clase de sociedad se crea cuando el primer objetivo es hacerse rico? ¿Conocen otras sociedades en las que se valoran otros aspectos de la vida más que el dinero?

La comunidad

13. DRAMATIZACIÓN. En parejas preparen una de las situaciones a continuación y escenifíquenla.

1. **No tan tonto como parecía**

    A. Eres la madre de Charly. Cuando descubres que tu hijo ha ayudado a Julia te pones histérica y te sientes decepcionada. Quieres saber cómo fue posible que tu hijo traicionara a la comunidad. Pídele explicaciones y recrimínale su falta de lealtad. Averigua qué va a hacer Charly con su vida y con el dinero.

    B. Eres Charly. Intenta explicarle a tu madre por qué te llevaste el dinero y engañaste a la comunidad. Debes criticar el plan de la comunidad y contarle cómo tu vida anterior había sido un infierno y cómo el dinero te ha cambiado la vida. Dile a tu madre cuáles son tus planes para el futuro.

2. **Segunda oportunidad**

    A. Eres Julia. Después de dos años, un día por casualidad vuelves a encontrarte con tu ex, Ricardo, que no sabe nada de los millones. Explícale el golpe de suerte que tuviste y cómo te ha cambiado la vida. Responde a las preguntas de Ricardo y reacciona ante su propuesta.

    B. Eres Ricardo. Como no lees el periódico, no te has enterado de la historia de los 300 millones. Cuando te encuentras con Julia pregúntale qué ha sido de su vida. Al escuchar lo que ha pasado quieres saber por qué nunca te dijo nada. Dile que todavía la quieres e intenta convencerla de volver a vivir juntos.

3. **Entre hombres**

    Oswaldo, Castro y Emilio se reúnen poco después de la muerte del viejo del piso de arriba para discutir qué deben hacer con Julia. Saben que ella tiene el dinero y empiezan a planear cómo deshacerse de ella y robar el dinero.

    En grupos de tres, inventen el diálogo que ocurre entre los tres vecinos teniendo en cuenta sus diferentes personalidades y habilidades. Cada uno debe proponer lo que considere la manera más efectiva de conseguir su objetivo y rechazar o apoyar las otras alternativas.

14. TEMAS DE ESCRITURA. Escribe un breve ensayo basándote en uno de los siguientes temas.

1. **Un artículo revelador**
   La historia de los 300 millones ha causado mucha conmoción en Madrid y el público quiere saber realmente qué ocurrió. El periódico *El País* investiga los acontecimientos y publica un artículo con la historia completa. Escribe este artículo en orden cronológico desde el momento en que el viejo recibió su dinero.

2. **Un informe a la policía**
   Eres Encarna, una de las vecinas, y has sido encarcelada por tu papel en las muertes de varios miembros de la comunidad. Enfurecida por los acontecimientos, decides defender tu inocencia escribiendo un informe a la policía en el que justificas tus actos y los de la comunidad entera. Explica en qué consistía el contrato que firmaron los vecinos y revela cómo ocurrieron las muertes de Domínguez, Emilio, Ramona, Castro y Oswaldo. ¡Usa tu imaginación y creatividad!

3. **El testimonio del viejo**
   Cuando un empleado del servicio social fue a limpiar el piso del viejo después de su muerte, encontró una carta en la que el viejo le explicaba a un amigo la situación en la que vivía, preso en su propia casa. Imagina que eres el viejo. Redacta esta carta dando detalles de cómo los vecinos te intimidaban y cómo te sentías. Explica qué planes tenías para acabar con esas amenazas.

Capítulo 7

RESUMEN DE LA PELÍCULA

Cuando tres adolescentes entran a robar a una zona residencial privada se desata un conflicto que va más allá de los muros de la urbanización. Tanto los policías como los vecinos de la zona deberán decidir entre aceptar las leyes establecidas o defender sus propios intereses. Los conflictos que se desencadenan pondrán a prueba el concepto de justicia y dejarán a la vista el egoísmo de una clase privilegiada, las diferencias de clase y la corrupción de la policía.

PREPARACIÓN

Antes de ver la película

1. **PARA EMPEZAR.** Comenta las siguientes preguntas con tus compañeros y comparte las respuestas de tu grupo con la clase.

   1. ¿Qué sabes de la ciudad de México? ¿Te gustaría visitarla? ¿Por qué? ¿Es similar a tu ciudad? Explica.

   2. ¿Crees que la gente rica y famosa recibe ciertos privilegios en nuestra sociedad? ¿Cuáles? ¿Puedes dar un ejemplo concreto de alguien famoso que no haya sido condenado por el delito que cometió? ¿Es la justicia igual para todos?

   3. ¿Qué es más importante en tu opinión, la protección o la privacidad? ¿Estarías de acuerdo con el uso de cámaras de seguridad en la calle donde vives, en el campus de la universidad o en clase?

2. **TEMAS DE INVESTIGACIÓN.** Busquen información en libros, en periódicos o en Internet sobre algunos de los siguientes temas. Prepárense para presentar la información en clase.

   1. **La Ciudad de México.** Busquen datos sobre la población de la Ciudad de México, el número de habitantes, la densidad de población. Después busquen información sobre el índice de pobreza en el país de México. ¿Cuáles son los principales problemas sociales que tiene el país?

   2. **Las armas.** Busquen información sobre si en México la población civil tiene derecho a poseer armas. Presenten los detalles sobre estas leyes y su aplicación en la vida real. Comparen esta situación con la de EE.UU.

   3. **La corrupción.** Busquen noticias recientes sobre la corrupción de la policía en México, el uso de sobornos, violencia u otros actos ilegales. ¿Fue difícil encontrar información sobre este tema? ¿Qué conclusiones se pueden sacar?

VOCABULARIO

SUSTANTIVOS

el acuerdo	*pact, agreement*	la ley	*law*
el (anuncio) espectacular	*billboard*	el muerto	*dead person*
la asamblea	*assembly*	el muro	*wall*
el asesino	*killer*	la orden	*order, warrant*
la basura	*trash*	la patrulla	*patrol*
la búsqueda	*search*	la pistola	*gun*
la defensa propia	*self-defense*	la prueba	*proof, evidence*
el delito	*crime*	la seguridad	*safety*
el derecho	*right*	el soborno	*bribe*
el guardia	*security guard*	el sótano	*basement*
el intruso	*intruder*	el/la testigo	*witness*
la justicia	*justice*	el vecino	*neighbor*
el ladrón	*thief*	la zona residencial	*gated community*

VERBOS

desconfiar	*to distrust*	mentir	*to lie*
enterarse	*to find out*	morir	*to die*
entregarse	*to turn oneself in*	pegar	*to hit*
esconderse	*to hide*	perseguir	*to chase*
faltar	*to be missing*	robar	*to rob*
grabar	*to record, to film*	vigilar	*to watch*
matar	*to kill*		

ADJETIVOS

armado/a	*to be armed*	sospechoso/a	*suspicious*
corrupto/a	*corrupt*		

Después de ver la película

3. **HACIENDO JUSTICIA.** Completa las oraciones con las palabras de la lista.

armado	orden	soborno	grabar	entregarse
ladrón	sótano	pruebas	vigilar	testigos

1. Cuando se acusa a alguien de un delito hay que tener _____ para poder condenarlo.
2. Un _____ es una persona que entra en una casa para robar.
3. El guardia de seguridad tiene la responsabilidad de _____ la zona.
4. Cuando un criminal no puede escapar debe _____ a la policía.
5. Para poder entrar en una casa, un policía necesita una _____.
6. El asesino no iba _____, es decir, no llevaba pistola.
7. El _____ es un delito que consiste en pagar dinero a alguien para que te haga un favor.
8. Cuando se comete un crimen, a la policía le interesa hablar con todos los _____.

4. **LOS INTRUSOS.** Busca en cada línea la palabra que no se relacione con las demás.

1.	patrulla	búsqueda	guardia	sótano
2.	matar	desconfiar	delito	robar
3.	anuncio	justicia	derechos	ley
4.	asesino	ladrón	acuerdo	intruso
5.	seguridad	grabar	vigilar	enterarse

5. **FAMILIAS DE PALABRAS.** Completa la tabla con ayuda del diccionario.

Sustantivo	Adjetivo	Verbo
búsqueda	buscado	buscar
		robar
	asesinado	
		asegurar
matanza		
	vigilado	

CONTENIDO Y DISCUSIÓN

6. **LOS PERSONAJES.** Lean las descripciones de los personajes de la película y expliquen cuál es su posición en cuanto al problema del intruso.

Personaje	Descripción	¿Qué postura adopta respecto al problema del intruso?
1. Rigoberto	comandante de la policía	
2. Miguel	muchacho que entró a la zona a robar	
3. Daniel	padre de Alejandro	
4. Carolina	amiga de Miguel	
5. Alejandro	chico que vive en la zona y encuentra a Miguel	
6. Mariana	esposa de Daniel	
7. Gerardo	jefe de seguridad de la zona	
8. De la Garza	delegado de la policía que toma la decisión final de investigar o no el caso	

7. **¿QUIÉN LO DIJO?** Las siguientes frases fueron tomadas de la película. Averigua quién las dice y explica el contexto en el que ocurren.

    1. "Seguramente la llamada fue una broma de mal gusto".

    2. "Ustedes viven en casas bonitas, limpias. Tienen su propia colonia y quieren tener su propia ley".

    3. "Miguel, aquí no es seguro. Te están buscando".

4. "Deme el arma. Usted no mató a nadie, ¿entiende? La culpa de todo esto la tienen esos hijos de puta. Su arma nunca fue disparada. Olvide todo este asunto y vaya para su casa. Nosotros nos hacemos cargo".

5. "Ahora resulta que cazar a un hombre es mucho más justo que hacer que lo detenga la policía".

6. "Cuando mi hijo crezca y pregunte, ¿cómo le voy a explicar que vivimos detrás de un muro?"

7. "Naturalmente ustedes querrán invertir en el mejoramiento de nuestra institución".

8. **COMPRENSIÓN DE LA TRAMA.** Completa las siguientes oraciones con la opción más apropiada.

    1. Los policías van a la zona la primera vez porque _____.
        a) buscan a unos delincuentes
        b) buscan dinero
        c) van a visitar a su familia
        d) existen problemas de drogas allí

    2. La comunidad se reúne en el gimnasio y vota por _____.
        a) interrogar a los adolescentes de la zona
        b) perseguir al asesino
        c) llamar a la policía
        d) matar al asesino

    3. La policía no puede entrar a la zona sin _____.
        a) una orden oficial
        b) pruebas de un delito
        c) un coche patrulla
        d) armas

    4. Alejandro no le ofrece _____ a Miguel.
        a) sus tenis
        b) comida
        c) un arma
        d) agua para lavarse

5. Ricardo quiere comunicarle a la policía que _____.
    a) él mató al guardia
    b) su esposa mató al ladrón
    c) hubo un robo en la zona
    d) Mercedes está muerta

6. Los vecinos de la comunidad no encuentran a Miguel porque _____.
    a) es muy joven
    b) Alejandro lo esconde
    c) está muerto
    d) lo arresta la policía

8. Los miembros de la comunidad sospechan que el informante _____.
    a) es uno de los residentes de la zona
    b) es la madre del intruso
    c) es un policía
    d) no existe

9. Los vecinos ponen los cadáveres _____.
    a) dentro de sus casas
    b) en la calle
    c) en la basura
    d) bajo tierra

10. La madre de Miguel busca a su hijo pero los vecinos de la zona _____.
    a) la amenazan
    b) no la dejan entrar
    c) la persiguen
    d) la golpean

11. Daniel y Andrea intentan confesar lo que ocurrió pero _____.
    a) la policía no les cree
    b) la policía decide seguir investigando
    c) a la policía le interesa más su dinero
    d) el guardia de la comunidad asume la culpa

12. Al final, cuando Daniel descubre que Miguel está en su propia casa, intenta _____.
    a) llamar a la policía
    b) esconderlo
    c) llevarlo ante la Asamblea
    d) vigilarlo

9. **CONVERSACIÓN Y ANÁLISIS.** Respondan a las siguientes preguntas y prepárense para compartir sus ideas con el resto de la clase.

1. Describan las dos poblaciones que viven de un lado y del otro del muro. Comparen y contrasten lo que hay dentro y fuera de esta comunidad. ¿Cómo es el acceso a la zona residencial?

   _____
   _____
   _____
   _____

2. Inicialmente, ¿cómo le explican a la esposa del guardia la muerte de éste? ¿Por qué no quieren que ella se lleve el cuerpo? ¿Cómo intentan convencerla de que deje el cuerpo en la zona?

   _____
   _____
   _____

3. ¿Por qué los vecinos de la zona no quieren que la policía investigue el caso? ¿Cuáles podrían ser las consecuencias?

   _____
   _____
   _____

4. ¿Qué decide hacer la Asamblea? ¿Por qué no están de acuerdo todos los vecinos con esta decisión? ¿Cuáles son sus razones?

   _____
   _____
   _____
   _____

5. ¿Cómo sabe el comandante Rigoberto que hubo varios delitos y que todavía hay un chico desaparecido dentro de la zona? ¿Qué pruebas tiene?

_____
_____
_____

6. Expliquen por qué los policías no ayudan a Miguel cuando lo ven dentro de la zona. ¿Por qué tampoco quieren hablar con su madre?

_____
_____
_____

7. ¿De qué manera ayuda Alejandro a Miguel? ¿Por qué Miguel no es capaz de escapar?

_____
_____
_____

8. ¿Qué contenía la grabación en video de Miguel que hizo Alejandro? ¿Para qué la hizo?

_____
_____
_____

9. ¿Qué pasó al final con Carolina, la amiga de Miguel? ¿Cómo se puede explicar lo sucedido?

_____
_____
_____

PRÁCTICA GRAMATICAL

10. EL SUBJUNTIVO EN ORACIONES ADJETIVAS. Completa las siguientes oraciones con la forma correcta del presente del subjuntivo o del indicativo.

1. No hay ninguna ciudad que no _____ (tener) una urbanización parecida a la de la zona.
2. Los vecinos necesitan a alguien que los _____ (ayudar) a resolver el caso de los intrusos.
3. Según la película, hay algunos policías que _____ (aceptar) sobornos en la Ciudad de México.
4. Es importante tener policías que _____ (saber) luchar contra la corrupción.
5. En la zona no hay nadie que _____ (conocer) a los ladrones.
6. Los residentes de la zona viven en casas que _____ (ser) grandes y lujosas.
7. Los policías buscan una solución que _____ (terminar) con el problema de la zona.
8. Miguel necesita encontrar una salida que lo _____ (llevar) afuera de la zona.
9. No existen en la zona familias que _____ (tener) problemas económicos.
10. Casi todos los residentes de la zona tienen empleados domésticos que los _____ (ayudar) con las tareas de la casa.

11. DESCRIPCIONES. Basándote en la película, completa las siguientes oraciones de manera original.

1. Alejandro es un chico que _____.
2. La madre de Miguel necesita a alguien que _____.
3. En la zona, hay muchos residentes que _____.
4. Los residentes forman una patrulla que _____.
5. No hay una ley que _____.

12. EL CONDICIONAL EN SITUACIONES HIPOTÉTICAS. Utiliza el condicional para explicar qué harías en cada una de estas situaciones hipotéticas.

1. Eres Alejandro y acabas de descubrir que Miguel, uno de los intrusos, se esconde en el sótano de tu casa. ¿Qué harías tú?
   _____
   _____

2. Eres el comandante y sabes que Miguel sigue en la zona. ¿Qué decidirías hacer?
   _____
   _____

3. Eres el padre de Miguel. Por fin has encontrado al intruso en tu propia casa. Ahora eres tú el que decide el destino de este chico. ¿Qué harías?
   _____
   _____

4. Te mudas a la Ciudad de México con tu familia. Tienes mucho dinero. ¿Llevarías a tu familia a vivir a la zona? Explica.
   _____
   _____

INTERPRETACIÓN Y CREACIÓN

13. DEBATE.

Opción I. Formen dos grupos: el grupo A, que apoya a los residentes de la zona, su estilo de vida y su derecho a vivir fuera de la ley; y el grupo B, que denuncia a los residentes y sus actos. Justifiquen las siguientes oraciones y comparen sus respectivos puntos de vista.

Grupo A:
1. Los residentes de la zona tienen derecho a crear sus propias leyes.
2. La policía no debe intervenir en asuntos de la comunidad.
3. Los verdaderos culpables son los intrusos.
4. Con el dinero vienen ciertos privilegios.

Grupo B:
1. No hay nadie que esté por encima de la ley.
2. La policía tiene jurisdicción sobre toda la ciudad sin excepciones.
3. Incluso los ladrones deben ser protegidos por la ley.
4. El dinero no te permite cometer crímenes.

Opción II. En grupos, comenten las siguientes ideas y compartan sus respuestas con la clase.

1. ¿Creen que es posible decir que los vecinos actuaron en defensa propia (en defensa de sus intereses) cuando mataron a Miguel? Den razones para justificar su respuesta.

2. En una de las escenas finales vemos a Diego, uno de los vecinos, que se va de la zona con su familia. Analicen las ventajas e inconvenientes que tendrían las opciones de quedarse en la comunidad o de irse.

3. Alejandro sabe que Miguel es un ladrón y sin embargo lo ayuda. Expliquen las razones por las que ustedes creen que Alejandro coopera con un delincuente y no lo entrega a la Asamblea. ¿Están de acuerdo con lo que hizo? ¿Podría haber hecho algo diferente para evitar la muerte de Miguel?

14. DRAMATIZACIÓN. En parejas preparen una de las situaciones a continuación y escenifíquenla.

1. **En la comisaría**

   A. Eres la madre de Miguel. Vas a la comisaría para hablar con el comandante Rigoberto sobre el caso de la zona y la labor de la policía. Quieres convencer al comandante de que siga con el caso y que busque a los culpables.

   B. Eres el comandante Rigoberto. Responde a las preguntas que te hace la madre de Miguel explicando por qué abandonaste el caso. Debes decidir si decirle la verdad o inventar excusas que escondan la corrupción policial. Teniendo en cuenta lo que puede significar esta decisión, debes decidir si continúas o no con la investigación.

2. **Revelación del secreto**

   A. Eres Carolina, la amiga de Miguel. Un mes después de la muerte de Miguel, te pones en contacto con Alejandro porque quieres saber qué pasó exactamente con tu novio. Explica cómo intentaste ayudar a Miguel y qué consecuencias hubo.

   B. Eres Alejandro. Carolina te pregunta sobre la muerte de Miguel. Debes explicar cómo intentaste ayudarlo y lo que pasó al final. Entre los dos decidan cómo darle la noticia a la madre de Miguel y qué versión de los hechos le van a dar.

3. **Spot publicitario**

   A. Trabajas en publicidad. Los vecinos de la zona te piden que hagas un anuncio para dar a conocer este lugar y destacar sus beneficios. Haz un spot publicitario (grábalo en formato de audio) para la radio que incluya todas las ventajas de vivir en esta comunidad y una entrevista con un vecino. Tú vas a proporcionar la voz del narrador o voz en off.

   B. Eres uno de los vecinos de la zona. Te piden que colabores en la elaboración de un anuncio para promocionar las viviendas de la zona. Habla de tu experiencia viviendo allí e intenta convencer al oyente de las ventajas de mudarse a esta comunidad. Tu testimonio será parte del anuncio de la radio (graba tu entrevista en formato de audio).

15. TEMAS DE ESCRITURA. Escribe un breve ensayo basándote en uno de los siguientes temas.

1. **El manifiesto**

    Eres Ricardo, el vecino que accidentalmente mató al guardia. Después del incidente, lamentas haber tenido una pistola en tu casa y reconoces que las armas son peligrosas. Ahora quieres luchar para que se prohíba el uso personal de armas. Para dar a conocer tus ideas decides escribir un manifiesto en contra de la posesión de armas por parte de los ciudadanos. Debes presentar y justificar tus principales argumentos.

2. **Los verdaderos culpables**

    Alejandro decide escribirles una carta a los medios de comunicación y enviarles el video que grabó de Miguel. Escribe una carta desde la perspectiva de Alejandro explicando los delitos y denunciando la actuación de la policía y de los residentes de la zona. En busca de justicia, da tu opinión de cuál sería el castigo apropiado en este caso para cada uno de los responsables.

3. **El informe policial**

    Eres el comandante Rigoberto y te piden que escribas un informe sobre lo ocurrido. Teniendo en cuenta tu futuro dentro de la policía, escribe un informe en el que des tu versión de los hechos. Habla del papel del señor delegado De la Garza y de todo lo que has hecho en nombre de la justicia.

Capítulo 8

RESUMEN DE LA PELÍCULA

Gonzalo y Machuca son dos compañeros de clase que empiezan a descubrir el verdadero valor de la amistad. A través de sus experiencias en un colegio elitista, en las calles de Santiago de Chile y en sus propias casas aprenderán valiosas lecciones que les abrirán los ojos a la realidad chilena de la década de los setenta. Los dos amigos serán testigos de los enfrentamientos entre las diversas clases sociales y grupos ideológicos, cuyas consecuencias les afectarán tanto a ellos como al resto del país.

PREPARACIÓN

Antes de ver la película

1. **PARA EMPEZAR.** Comenta las siguientes preguntas con tus compañeros y comparte las respuestas de tu grupo con la clase.

   1. ¿Es importante tener una educación formal? Si tuvieras la opción, ¿preferirías trabajar o asistir a clases? ¿Crees que la gente sin una educación formal tiene ventajas o desventajas en nuestra sociedad moderna? Explica.

   2. ¿Conoces alguna ciudad donde haya barrios o zonas en las que se agrupen personas por alguna identificación común, como raza, etnia, origen o clase social? ¿Por qué crees que ocurre este fenómeno?

   3. ¿Podrías explicar en qué consiste el socialismo? ¿En qué se diferencia del capitalismo? ¿Qué beneficios y problemas se derivan de estos dos sistemas?

2. **TEMAS DE INVESTIGACIÓN.** Busquen información en libros, en periódicos o en Internet sobre algunos de los siguientes temas. Prepárense para presentar la información en clase.

   1. **El gobierno de Salvador Allende.** Busquen información sobre la presidencia de Salvador Allende en Chile y aporten detalles sobre los problemas a los que se enfrentaba el país en aquellos años.

   2. **Chile: 1973. El golpe de Estado y la dictadura del General Pinochet.** ¿Por qué se produjo el golpe de Estado? Hagan un resumen de los cambios más significativos que se efectuaron en el país durante el régimen de Pinochet.

   3. **La población chilena.** Busquen estadísticas sobre la población de Chile y su composición actual. ¿Qué grupos indígenas existen en el país? ¿Qué proporción de la población son y en qué zonas del país se concentran? Incluyan detalles.

   4. **El Llanero Solitario.** ¿Quién es este personaje? ¿Cómo se convirtió en el Llanero Solitario? ¿Quién es su compañero? Busquen información sobre esta popular serie de televisión. ¿Por qué creen que tuvo tanto éxito? ¿Es una figura relevante hoy en día?

VOCABULARIO

SUSTANTIVOS

las afueras	suburbs, outskirts	el golpe de Estado	coup d'Etat
los alumnos	students	la guerra civil	civil war
el auto	car, automobile	el huerto	vegetable garden
la bandera	flag	el/la indígena	native
el barrio	neighborhood	la manifestación	street protest
el ciudadano	citizen	el matón	bully
el compañero	classmate	el mercado negro	black market
la dictadura	dictatorship	la patria	homeland
el disturbio	riot	la población	shanty-town
la educación igualitaria	egalitarian education	la pobreza	poverty
el experimento	experiment	el puerco	pig
la falta de	lack of	el socialismo	socialism
las fuerzas armadas	armed forces	las zapatillas	sneakers

VERBOS

acosar	to bully	llevar a cabo	to carry out
apoyar	to support	mezclar(se)	to mix
compartir	to share	oponerse a	to oppose
conseguir, lograr	to achieve, attain	pegar	to hit
derrocar	to overthrow	protestar	to protest
integrar(se)	to integrate		

ADJETIVOS

marginado/a	marginalized	privilegiado/a	privileged
indígena	indigenous, native	orgulloso/a	proud

Después de ver la película

3. **CONDICIONES SOCIALES.** Completa las oraciones con las palabras de la lista.

población	golpe de Estado	matón	dictadura
llevar a cabo	indígena	manifestaciones	patria
educación igualitaria	mercado negro	pobreza	

1. Pedro Machuca vive en una _____ en las afueras de Santiago.
2. En el colegio St. Patrick's existe un proyecto de _____ en el que los alumnos ricos se mezclan con los pobres.
3. Muchos de los alumnos que viven en las poblaciones son de origen _____.
4. El _____ de la escuela siempre ataca a otros alumnos como Gonzalo y Machuca.
5. Bajo el gobierno de Allende existe el _____, en el cual la gente puede conseguir lo que no hay en los comercios.
6. En las _____ participan tanto los que apoyan a Allende como los que rechazan su ideología.
7. En 1973, Pinochet y un grupo de líderes militares dan un _____ para derrocar a Salvador Allende.
8. Bajo la _____ de Pinochet desaparecen miles de ciudadanos que se oponen al régimen.

4. **ASOCIACIONES.** Relaciona las palabras de la columna izquierda con las de la derecha. Luego, explica cuál es la relación entre las dos palabras o frases. Puede haber más de una combinación posible.

1. población	a. protestar	_____
2. golpe de Estado	b. mezclarse	_____
3. matón	c. falta de	_____
4. manifestación	d. barrio	_____
5. indígena	e. derrocar	_____
6. dictadura	f. marginado	_____
7. educación igualitaria	g. acosar	_____
8. pobreza	h. fuerzas armadas	_____

CONTENIDO Y DISCUSIÓN

5. **LOS PERSONAJES.** En grupos, lean los siguientes adjetivos y colóquenlos en la primera columna para describir a los personajes. Luego, expliquen sus respuestas buscando escenas de la película que ejemplifiquen su descripción y compartan la información con el resto de la clase.

realista	comprensivo/a	tolerante
inocente	privilegiado/a	decepcionado/a
determinado/a	satisfecho/a	justo/a
orgulloso/a	insensible	marginado/a

Personaje	Adjetivo	Explicación y ejemplos
Gonzalo		
Machuca		
Silvana		
Padre McEnroe		
Roberto		
María Luisa		

6. **LOS PROTAGONISTAS.** Comparen y contrasten a los dos protagonistas, Pedro Machuca y Gonzalo Infante. ¿En qué se parecen o se diferencian? Busquen ejemplos de cómo representan a la clase social a la que pertenecen. ¿Son conscientes de la división de clases sociales? Expliquen.

7. **¿QUIÉN LO DIJO?** Las siguientes frases fueron tomadas de la película. Averigua quién las dice y explica el contexto en el que ocurren.

   1. "Van a aprender a respetarse… aunque sea lo único que hagan en este colegio".
   2. "¿Sabes dónde estará tu amigo en cinco años más?"
   3. "¿Cree que con los puños lo van a respetar más? ¿Qué hará después?"
   4. "La situación no puede seguir así, ¿no?"
   5. "Allende, Allende, el pueblo te defiende".
   6. "¿Cuál es la idea de mezclar las peras con las manzanas?"
   7. "Si es más falsa esa serie. ¿Cuándo has visto que un blanco sea amigo de un indio?"
   8. —¡El que no salta es momio, el que no salta es momio!
      —¿Qué significa *momio*?
      —Un rico ignorante, ¡como tú!
   9. "¡Qué manera de acaparar! Tenemos un montón de aceite".
   10. "El próximo viaje a Buenos Aires te traigo otro libro por si cambias de opinión".

8. **COMPRENSIÓN DE LA TRAMA.** Completa las siguientes oraciones con la opción más apropiada.

   1. Gonzalo es _____.
      a) un indígena que vive en la población
      b) el director de la escuela
      c) un buen estudiante y amigo de Machuca
      d) el matón de la escuela

   2. Parece que la familia de Gonzalo _____.
      a) no tiene contactos en el mercado negro
      b) está muy unida
      c) tiene una vida privilegiada
      d) va a emigrar a Italia

   3. El nuevo grupo de alumnos en la escuela _____.
      a) recibe educación gratis
      b) se adapta a su nuevo entorno rápidamente
      c) tiene todas las comodidades en la vida que tienen sus compañeros
      d) inmediatamente empieza a acosar a los otros estudiantes

4. El padre de Gonzalo probablemente es _____.
   a) fascista
   b) socialista radical
   c) republicano
   d) capitalista

5. El libro (*El Llanero Solitario*) que recibe Gonzalo es un regalo _____.
   a) de su padre
   b) de su amigo Machuca
   c) del padre McEnroe
   d) del amante de su madre

6. Silvana no va a la escuela porque _____.
   a) ya lo sabe todo
   b) no es inteligente
   c) tiene que trabajar
   d) tiene mucho dinero

7. La madre de Gonzalo le pide que le compre leche condensada pero antes de llegar a casa _____.
   a) Gonzalo se la bebe con sus amigos
   b) a Gonzalo se le pierde en el camino
   c) alguien se la roba
   d) Machuca se la da a su madre

8. El padre McEnroe _____.
   a) apoya a los militares
   b) no tiene el apoyo de todos los padres
   c) no quiere educar a los pobres
   d) no cree en la educación igualitaria

9. Un militar asume el cargo de director de la escuela como resultado _____.
   a) de la llegada de los nuevos alumnos
   b) de la muerte del padre McEnroe
   c) del golpe de Estado
   d) de las manifestaciones en las calles

10. Al final de la película, los militares arrasan _____.
    a) el barrio de Gonzalo
    b) la escuela
    c) la población donde vive Machuca
    d) la ciudad de Santiago

9. **CONVERSACIÓN Y ANÁLISIS.** Respondan a las siguientes preguntas y prepárense para compartir sus ideas con el resto de la clase.

   1. ¿Cómo es la vida de Gonzalo al principio de la película?

   2. ¿En qué consiste el experimento que lleva a cabo el padre McEnroe en el colegio? ¿Cómo reaccionan los alumnos frente a este cambio? Den ejemplos concretos para apoyar su respuesta.

   3. Pongan ejemplos de la película que muestren los problemas que existían en Chile durante la época de Salvador Allende. ¿Qué imágenes o escenas nos ayudan a comprender mejor la situación económica, social y política de aquel momento?

   4. ¿Cómo describirían la relación entre Gonzalo y su madre? ¿Cambia esta relación a lo largo de la película?

   5. ¿Por qué Roberto le da comida a María Luisa y libros a Gonzalo? ¿Por qué creen que ellos aceptan estos regalos?

6. Comparen la casa de Gonzalo con la de Machuca. ¿Qué tipo de relación hay entre los miembros de cada vecindario o comunidad?

   _____
   _____

7. ¿Qué razones da Silvana para explicar que no va a la escuela? ¿Qué le gustaría hacer en el futuro? ¿Por qué?

   _____
   _____

8. ¿Qué ocurre en el colegio durante la reunión con los padres? ¿En qué consiste el conflicto?

   _____
   _____

9. ¿Qué cambios ocurren con el golpe de Estado en el colegio, en las calles, en la sociedad?

   _____
   _____

10. ¿Qué pasa cuando los militares llegan a la población donde vive Machuca? Expliquen lo que pasa con Silvana y cómo consigue Gonzalo salir de allí sin ser herido.

    _____
    _____
    _____
    _____

PRÁCTICA GRAMATICAL

10. VERBOS IRREGULARES EN EL PRETÉRITO. Completa las siguientes oraciones con el pretérito de los verbos entre paréntesis.

1. Con su amiga Silvana, Gonzalo por fin _____ (saber) en qué consistía el amor.
2. En la población, Machuca _____ (traducir) muchas palabras de inglés a español.
3. Los marginados de la población _____ (construir) toda una ciudad al lado de un campo de fútbol.
4. Machuca le _____ (pedir) a Gonzalo que le prestara sus mejores zapatos.
5. Cuando Machuca _____ (ir) a la casa de Gonzalo, los dos _____ (emborracharse) y _____ (dormir) hasta muy tarde el día siguiente.
6. Roberto, el amante de María Luisa, le _____ (dar) un buen regalo a Gonzalo.
7. En Chile _____ (haber) un golpe de Estado en 1973.
8. Salvador Allende _____ (morir) en su oficina durante los primeros ataques militares.
9. Los militares _____ (decir) que iban a borrar la herencia del gobierno de Allende.
10. ¿Qué _____ (hacer) los ciudadanos cuando Pinochet llegó al poder?

11. DIFERENCIAS ENTRE EL PRETÉRITO Y EL IMPERFECTO. Completa las siguientes oraciones con los verbos en la forma correcta del pretérito o del imperfecto.

1. a) Gonzalo no _____ (poder) evitar la muerte de Silvana.

   b) La mayoría de los chilenos no _____ (poder) adquirir muchos artículos de primera necesidad y por eso salían a protestar a las calles.

2. a) Gonzalo no _____ (conocer) a ningún niño pobre antes del experimento del padre McEnroe.

   b) Gonzalo _____ (conocer) a Silvana un día cuando fue a vender banderitas con Machuca.

3. a) El padre de Gonzalo no _____ (saber) que su mujer le era infiel.

   b) Gonzalo _____ (saber) que algo malo iba a pasar cuando vio los aviones en el cielo.

4. a) Los alumnos de la escuela _____ (tener) que respetar a los nuevos estudiantes pero algunos no lo hicieron.

   b) El padre McEnroe _____ (tener) que dejar su trabajo como director del colegio cuando llegaron los militares.

5. a) Gonzalo no _____ (querer) ir a casa de Roberto con su madre pero al final fue.

   b) El padre McEnroe no _____ (querer) abandonar su proyecto incluso después de la oposición de los padres.

12. POR Y PARA. Completa las oraciones con *por* o con *para*.

1. El padre McEnroe trae a los niños al colegio _____ integrarlos.
2. Silvana y Machuca van _____ las calles vendiendo banderitas.
3. _____ Gonzalo la amistad es más importante que la clase social.
4. El padre McEnroe abandona el colegio _____ orden de los militares.
5. La gente hace cola en las calles _____ recibir comida.
6. Los padres protestan _____ el experimento del padre McEnroe.
7. El padre de Gonzalo quiere irse _____ Italia y trabajar allí.
8. Los niños ricos golpean a Gonzalo _____ defender a Machuca.
9. _____ las tardes María Luisa va de compras con Gonzalo.
10. _____ suerte Gonzalo lleva sus mejores zapatos el día que llegan los militares a la población.

INTERPRETACIÓN Y CREACIÓN

13. DEBATE

En la película *Machuca* se ve una sociedad dividida por su ideología bajo el gobierno de Salvador Allende.

La clase se divide en dos grupos a los que el profesor les asignará una de las siguientes posturas. Colaboren para elaborar una defensa de su ideología y recuerden que en un debate siempre es útil ver la situación desde la otra perspectiva para poder contradecir las ideas del otro grupo.

Grupo I: Ustedes son socialistas y defienden la ideología y las acciones de Salvador Allende. Hagan una lista de todo lo que hizo el presidente para mejorar la vida de los chilenos y describan cómo se ven estas acciones en la película. Defiendan los valores principales del gobierno de Allende.

Grupo II: Ustedes son un grupo de chilenos conservadores y rechazan la ideología y las acciones de Salvador Allende. Creen que todo lo que ha hecho perjudica al país y a todos los que viven allí. Hagan una lista de argumentos en contra del gobierno socialista y mencionen lo que Allende ha hecho para frenar el desarrollo del país.

Estos temas les pueden resultar útiles a los dos grupos:

- La libertad de expresión
- La educación igualitaria
- La calidad de vida
- La propiedad privada
- La división de clases sociales
- La pérdida de privilegios
- Los derechos humanos

14. DRAMATIZACIÓN. En parejas preparen una de las situaciones a continuación y escenifíquenla.

1. **El paso de los años**

    A. Eres Gonzalo. Han pasado 15 años desde el golpe de Estado. Viajando en tren te encuentras con Machuca inesperadamente. Cuéntale lo que pasó en tu vida desde la última vez que ustedes se vieron, qué cambios hubo en tu familia y en tu vida. Responde a las preguntas de Machuca.

    B. Eres Machuca. Estás de viaje en un tren hacia Santiago de Chile y la persona que viaja a tu lado es Gonzalo. Después de 15 años te sorprende volver a ver a tu amigo de la niñez. Hazle preguntas para saber qué pasó con él después de la última vez que ustedes se vieron y a qué se dedica ahora. Explícale qué ocurrió después del golpe de Estado y cuéntale sobre tu familia, trabajo y vida en general.

2. **Tres son multitud**

    A. Eres María Luisa. Has decidido dejar a tu marido y vivir con Roberto. Habla con tu esposo y justifica esta decisión. Responde a sus preguntas e intenta convencerlo de que esa es la mejor solución para todos.

    B. Eres el padre de Gonzalo. Tu esposa te comunica que va a dejarte y quieres saber por qué. Expresa tus sentimientos y hazle preguntas para averiguar cómo ha llegado a esa decisión. Como no estás de acuerdo con ella, intenta convencerla de que no se vaya.

3. **Educación igualitaria**

    A. Eres el padre McEnroe. Te encuentras con María Luisa y decides hablar con ella sobre tu experimento en el colegio. Averigua cuál es su opinión sobre la integración escolar e intenta convencerla de que tu experimento es necesario.

    B. Eres María Luisa. Cuando te encuentras con el padre McEnroe le explicas por qué crees que los niños pobres no deben ir a St. Patrick's. Ofrece argumentos en contra del experimento y justifica tu opinión.

15. TEMAS DE ESCRITURA. Escribe un breve ensayo basándote en uno de los siguientes temas.

1. **Comunicado a los padres del colegio St. Patrick's**
   Eres el padre McEnroe. Como director del colegio, les escribes a los padres para explicarles en qué consiste el proyecto de tu colegio y cuáles son tus objetivos. Comunícales tus ideas sobre la educación igualitaria y el derecho de todo ciudadano a una buena educación.

2. **El descontento público**
   Bajo el gobierno de Allende había muchas personas que criticaban la situación en la que se encontraba el país. Escribe un breve ensayo en el que muestres cómo se ve el descontento público en la película *Machuca*.

3. **Un microcosmos**
   ¿De qué manera se puede comparar lo que sucede en el colegio St. Patrick's con lo que ocurre en Chile durante esta época? Escribe un ensayo en el que des ejemplos concretos de cómo los eventos en el colegio son un reflejo de lo que estaba pasando en Chile antes y después del golpe de Estado.

Photo Credits

Page 1, NEW LINE CINEMA / Album/Newscom. Page 5, NEW LINE CINEMA / CORRAL VEGA, CHRISTOBAL / Album/Newscom. Page 17, ALAMEDA FILMS / Album/Newscom. Page 31, WARNER BROS. / Album/Newscom. Page 43, WARNER BROS. / Album/Newscom. Page 47, ALQUIMIA CINEMA / Album/Newscom. Page 51, ALQUIMIA CINEMA / Album/Newscom. Page 63, ALQUIMIA CINEMA / Album/Newscom. Page 65, FIRST LOOK / Album/Newscom. Page 69, FIRST LOOK / Album/Newscom. Page 81, LOLAFILMS / Album/Newscom. Page 94, LOLAFILMS / Album/Newscom. Page 95, BUENAVENTURA PRODUCCIONES/ESTRATEGIA AUDIOVISUAL/FONDO DE IN / Album/Newscom. Page 105, BUENAVENTURA PRODUCCIONES/ESTRATEGIA AUDIOVISUAL/FONDO DE IN / Album/Newscom. Page 109, ANDRES WOOD PRODUCCIONES/TORNASOL FILMS/ CHILE FILMS / Album/Newscom. Page 122, ANDRES WOOD PRODUCCIONES/ TORNASOL FILMS/ CHILE FILMS / Album/Newscom.

www.ingramcontent.com/pod-product-compliance
Lightning Source LLC
Chambersburg PA
CBHW060255240426
43673CB00047B/1932